增长与养老

ECONOMIC GROWTH AND AGING ISSUE

应对高龄少子化的中国选择

CHINA'S STRATEGIES TO TACKLE LOW BIRTH RATE

迟福林 _ 主编

中国工人出版社

图书在版编目（CIP）数据

增长与养老：应对高龄少子化的中国选择 / 迟福林主编.
—北京：中国工人出版社，2023.6
ISBN 978-7-5008-8209-1

Ⅰ.①增… Ⅱ.①迟… Ⅲ.①人口老龄化—研究—中国 Ⅳ.①C924.24

中国国家版本馆CIP数据核字（2023）第101429号

增长与养老——应对高龄少子化的中国选择

出 版 人	董 宽
责任编辑	左 鹏
责任校对	张 彦
责任印制	栾征宇
出版发行	中国工人出版社
地　　址	北京市东城区鼓楼外大街45号 邮编：100120
网　　址	http://www.wp-china.com
电　　话	（010）62005043（总编室）
	（010）62005039（印制管理中心）
	（010）62382916（工会与劳动关系分社）
发行热线	（010）82029051 62383056
经　　销	各地书店
印　　刷	宝蕾元仁浩（天津）印刷有限公司
开　　本	710毫米×1000毫米 1/16
印　　张	14.25
字　　数	180千字
版　　次	2023年7月第1版 2023年7月第1次印刷
定　　价	58.00元

CONTENTS 目录

第五篇　银发经济——中国养老产业的探索与建设

第六篇　选择性退休——制度安排与结构性政策

第一篇

高龄少子——趋势固化与否的研判

客观分析我国高龄少子化阶段性特点

迟福林　中国（海南）改革发展研究院院长

当前，我国的经济结构和社会结构变化调整正处于重要的历史关节点。客观分析我国高龄少子化的阶段性特点，有三个基本问题需要讨论。

一、我国高龄少子化的趋势有没有“固化”？

尽管我国高龄少子化呈现过早、过快的发展势头，但客观看，与日本、韩国等国的高龄少子结构已经“固化”有所不同，我国高龄少子化的趋势仍有动态变化的某些特点。

1. 生育意愿变化带有阶段性、结构性的特点。不可否认，进入高收入阶段后生育率的下降是一个全球趋势。从我国的情况来看，2020 年人均 GDP 仅 1.05 万美元，中低收入者仍占多数，并且我国家庭生育观念的改变很难简单跟发达国家的情况类比。例如，农村、落后地区生育意愿相对高于城市、较发达地区。国家统计局有关调查数据显示，我国育龄妇女的生育意愿子女数为 1.8，高于目前育龄妇女总和生育率 1.3 的实际数值。由于发展的不平衡，生育意愿下降的趋势在城乡、不同区域、不同社会群体之间并不同步。

2. 生育率的提升仍有较大的弹性空间。尽管这几年生育年龄人口有下降的趋势，但 2020 年育龄妇女人数仍有 3 亿多人，绝对规模仍比较大。如果每年有 4%左右的育龄妇女生育，就能够使新出生人口维持在 1200 万以上，从而可以使人口负增长拐点出现的时间尽可能延迟。

3. 实际生育率受政策影响大。应当说，这些年低生育率与长时间推行的计划生育政策有很大关系。“两孩”政策实施后，出生人口中“二孩”占比由 2013 年的 30%左右上升到 2017 年的 50%左右，全国多出生“二孩”数量达 1000 多万人。我国曾长期实施过严格的计划生育政策，但尚未实施大规模的生育激励政策。随着“三孩”政策的实施，加上有效实施生育友好型的社会政策，估计部分“80 后”、“90 后”、“00 后”生育“二孩”、“三孩”有相当大的可能。

二、生育率低的核心问题是不是“三育”成本过高?

随着我国进入中高收入阶段，城乡居民的生育行为呈现新的阶段性特征。一方面，“传宗接代”、“养儿防老”等功利性生育意愿逐步淡化；另一方面，家庭普遍重视生育、养育、教育质量，“三育”成本不断水涨船高。总的来说，“三育”成本过高导致“生不起”的矛盾相当突出。

1. “三育”成本过高。

（1）“三育”的直接成本过高。无论是在城市还是在农村，养育一个孩子从出生到大学毕业，通常需要几十万元甚至上百万元。2020 年，全国居民人均可支配收入仅为 3. 2 万元左右，一对夫妇加起来才 6. 4 万元左右。对于一般收入家庭来说，生育、养育、教育等负担过重的问题确实具有相当的普遍性。

（2）“三育”的间接成本过高。例如，2019 年，我国 15 岁以上女性劳动参与率为 60. 6%，远高于 47. 7%的全球平均水平。孩子的生育、养育、教育，往往会给女性造成较多的工资收入损失，甚至失业或失去升职机会等间接成本。这就需要充分考虑家务照料的时间因素，以及女性平衡职业发展与家庭等因素。

（3）“三育”成本过高带来结婚率低的社会焦虑。“三育”成本过高，客观上会对不少年轻人的婚姻产生压力，导致婚姻的推迟甚至产生不婚现象。例如，目前我国有 1.75 亿“90 后”人群，90%到了适婚年龄，而全国 2020 年结婚登记的人数不超过 1000 万对。从日本、韩国等国家的人口结构演进来看，结婚率低如果形成趋势，就会逐步成为导致低生育率固化的重要因素。

2. 尽快将更多“三育”服务纳入基本公共服务均等化范围。

（1）健全“三育”公共服务体系。要注重通过提供婴幼儿照护服务来减轻家庭负担，以 3 岁以下婴幼儿照护为重点，争取到 2025 年基本建成以公立机构为主、覆盖城乡的婴幼儿照护和学前教育公共服务体系；争取到 2025 年基本建立起覆盖城乡居民的社会生育保险制度；争取 2030 年前在全国范围内实行 12 年义务教育，实行免费的高中和职高教育。

（2）加快实施覆盖城乡育龄妇女的生育补贴制度。重点提升生育旺盛期育龄妇女的生育意愿，对于中低收入家庭实施直接的经济补贴。例如，实行孕期、哺乳期妇女弹性工作制，严格禁止企业对妇女生育期间的就业歧视；加快建立生育期间家庭个人所得税减免制度，并对支持妇女生育所产生的企业综合成本给予税收抵扣减免等。

（3）形成支持“三育”的家庭福利体系。适度延长妇女产假，在子女 6 周岁以前每年给予男女双方一定的育儿假；对愿意并需要帮子女照护孩子的老年人实行自主选择性退休，并以发放补贴等方式给予支持。

3. 把婚姻与生育问题结合起来考虑。

通过完善住房保障解除新生代社会群体结婚成家的心理负担，为结婚的青年人提供优惠房贷利率和租房补贴激励，并形成制度化的安排等。

三、未来 10～15 年是不是应对高龄少子化的关键阶段？

未来 10～15 年经济转型与社会转型高度融合。到 2035 年基本实现现代化与人口结构优化高度重叠，需要以更大的决心和魄力推动结构性政策调整，实现人口世代更替基本平衡。

1. 未来 10～15 年是应对高龄少子化的“最后窗口期”。

首先，从人口生育周期看，一代人口更替的重大趋势性变化需要 10～15 年，即使我国未来 5 年出现人口负增长的拐点，还会有 10 年的矫正期。其次，未来 10～15 年，我国仍有条件保持 4%～5%的经济增长。由此，调动更多财政资源、经济资源、金融资源、社会资源等解决问题的回旋余地仍比较大。最后，我国到 2035 年基本实现社会主义现代化，需要高度关注和解决高龄少子化及其所带来的潜在生产率下降问题，以及未富先老问题。

2. 努力争取总和生育率恢复至 1. 8 左右。

从国际上看，受收入水平、女性受教育程度提升、避孕措施等多种因素影响，高收入国家少子化是全球趋势，但部分高收入国家通过实施生育保障假期、发放经济补贴、完善儿童托幼服务体系等政策与制度安排，提高了家庭的生育意愿和养育教育能力，从而缓解总和生育率的持续下跌，一些国家甚至有所回升。与高收入国家相比，我国高龄少子化挑战来得太早，应对的时间空间约束更强。要立足未来 10～15 年防止总和生育率继续下跌，加快出台生育友好型社会的政策与制度体系，努力争取在 2030—2035 年使之回升至 1. 8 的水平。

3. 提高劳动参与率与提高劳动生产率的政策相结合。

未来 10~15 年，我国的人口结构面临两个负增长：一是自 2012 年以来的劳动年龄人口下降；二是即将到来的总人口规模的负增长。要高度重视人口结构变化对经济增长带来的冲击。统筹考虑人力资源强国建设目标，把支持生育政策、延迟退休政策、积极就业政策等有机结合，有效提升全社会的劳动参与率与劳动生产率。

4. 实行以支持家庭发展为导向的社会政策调整。

在我国，家庭仍是解决人口问题的基础。我国高龄少子化伴随着家庭的小型化、离散化。2020 年，我国平均家庭户规模为 2. 62 人，比 2010 年的 3. 10 人减少了 0. 48 人，已跌破“三口之家”的数量底线。客观地看，家庭变化有个人选择的因素，但也与现行某些社会政策相关。当前，养老育幼的福利政策设计基本上以个人为核算单元，在平衡家庭关系上的作用明显不足。这就需要以家庭为单位统筹考虑“三育”福利政策的实施，有效整合民政、人保、税收、卫健等方面的资源，在身份核查、资格审查、成本核算、福利发放等环节以家庭为考察和服务对象，精准提升家庭的抗风险能力和福利输送能力。

中国老龄化社会的挑战与影响

曹远征　中银国际研究有限公司董事长

我们必须更加深刻、充分认识老龄化社会对中国经济社会带来的挑战。第一个问题，挑战的重点是什么？第二个问题，怎么应对这个挑战？

一、中国面临的老龄化挑战，重点是什么？

要理解老龄化问题的深刻性，其中一个很重要的方面恐怕不是政府与企业的关系，而是政府与社会、家庭的关系。2012 年，中国公布第六次人口普查结果，虽然没有公布总和生育率，但根据我们的计算是在 1.4%~1.5%，生育率低于预期，理论上这是不能平衡的，因为只有达到 2.1%才可平衡。这对中国未来经济可持续发展的挑战在哪里？2012 年，我作为中国银行首席经济学家，与德意志银行大中华区首席经济学家马骏牵头组织了两个团队，关注并发起了国家资产负债表研究，从资产负债表角度观察对中国经济的挑战。我们两个团队从不同角度做了资产负债表，一个算流量，另一个算存量。从流量可以看到趋势，从存量可以看到结构。我们收集了所有可以收集到的资料，然后从三张负债表开始做，国家的是政府的负债表，企业的是金融机构的负债表，居民的是家庭资产负债表。通过研究，不约而同地得出一个结论，中国未来最大的挑战是社会保障的压力；中国最大的问题是“未富先老”；所有的研究结果指向一个时间段，就是2035年前后。通过这次国家资产负债表研究，我们对中国经济的认知也发生了变化，我们认为未来15年中国最核心的问题是发展，应该是经济快速发展以应对2035年后人口老龄化的重大冲击。2035年后将迎来一个重要拐点，那就是中国人口开始下降。中国是超过14亿人口的大国，这样的人口结构变化前所未有，这是人类历史上最大的挑战。

二、怎么应对老龄化挑战？

十多年前，我们跟日本经济学家讨论，日本为什么过去有“失去的10年”，为什么经济泡沫破灭以后出现一系列问题，宏观调控有什么障碍？日本经济学家的答案多种多样，但是有一个共同的答案是老龄化，老龄化之后一定还会加上一句话——少子化。当时我们很好奇，老龄化可以理解，少子化是什么意思？现在我们终于可以理解了：老龄化说的是当下，少子化说的是未来。如果从当下的少子化冲击来看，首先出现在对社会保障养老的财务支持能力上。应对这个问题，有以下几点需要考虑。

第一，弥补财务缺口。按照2012年的测算，从资产负债表角度上讲，中国负债的压力是13.8万亿元，现金流量尽管是平衡的，但是持续能力上是有问题的。现在部分地区在现金流量上也出现了问题，出现收不抵支的现象。我们认为，这个缺口是可以弥补的，因为中国有庞大的国有资产，国有资产划拨社保填补这个缺口是必然选择。按照我们的测算，按照2012年国企市值和社保水平，为弥补这个缺口，中国上市公司中国有股份的30%在2020年前应该进入社保，2030年有80%进入社保才能弥补缺口。要强调国有资产划归社保这一问题。从这个意义上来说，国有资产的改革其中最核心的是把国有资产推到可变现状态，以应对不时之需。

第二，推进社会保障制度改革。现在的问题是，中国的个人账户一直没有做实，虽然过去一直想做实个人账户，但是个人账户做实很困难。这就出现一个问题，如果人口加剧老龄化，会不会陷入负值？个人账户应该怎么办？一个可行的思路是个人账户名义化，如果国有资产进社保，那么应该补进个人账户，基金积累制度是中国社保体系的一个基本特色，这个特色不能丢掉。为什么？过去我们强调社会的责任，中国的传统是家庭，养老的事应该是自家的事。在现在这样一个急剧老龄化的过程中，发挥家庭的作用很重要。这不仅会减少成本，而且会提高应对老龄化的能力，提高照护的水平。由此，中国应对老龄化的所有经济政策和改革措施，都应该以家庭为单位。比如，我们现在个人所得税还是以个人的名义，能不能实行以家庭为单位的个人所得税体系？这应该加快进行研究。应当考虑抚养程度、抚养水平来设计税基，而不是以单纯的收入来构建个税体系。同时，这个政策应该具有激励性，因为家庭照护中对妇女的参与率和其他方面都有影响，应该有激励机制，这才能在财务上建立可持续、可支撑的应对老龄化冲击的机制。

第三，提高劳动生产率。在老龄化趋势下，未来实现可持续发展要改变思路。老龄化会导致劳动参与率下降，在柯布-道格拉斯生产函数中，劳动参与下降会引起 GDP 下降。应对这个挑战，就需要提高劳动生产率。因此，教育就变成重要的因素了。这不仅需要对已退休的人进行再教育，也需要对年轻人的培训教育，以提高劳动生产率。另外是医疗。中国过去的医疗基本是以治病为主。随着人口老龄化，医疗的成本会急剧上升，以至于无法承担。保险精算发现，人一生的医疗费 80% 都花在生命的最后两年。因此，医疗的方式要变成康养、医养结合，要防治未病，从慢病管理入手，不出现重症，不进重症监护室才是最重要的。中医药在这方面有独特的竞争优势。如果中国能够形成这套体系，中国医疗系统在全球就是有竞争力的。这也是银发经济的一个重要机遇。

第四，建立与家庭相融合的养老体系。为此，一定要有一套相关的激励体系。其中最核心的是农民工市民化。农民工市民化后，可以增加收入，更重要的是农民工在城里定居后可以把父母接过来，降低生活成本，家庭照护可以减轻社保压力。所以，加快农民工市民化也是解决这个问题的重要途径，现在农民工多地分居，生活成本在上升，照料的压力也在加大，如果他们能够团聚在一起，情况便会大有改善。此外，在住房政策、土地政策等其他方面都要加快改革，以尽快实现农民工市民化。

对中国老龄化挑战的深刻性，我们要充分地估计、充分地认识，它是一个全新的模式，我们应当从现在开始探索。

老龄化社会的根本矛盾及化解思路

郑京平　国家统计局原副局长

进入 21 世纪以来，全球人口老龄化程度不断提高。老龄化社会的一系列矛盾和问题，正在从潜在危机逐步浮出水面，成为现实挑战。如何应对老龄化社会带来的严峻挑战，确保人类可持续繁衍与发展，已经成为全人类面临的十分紧迫而又十分重大的现实问题和战略问题。

一、人类已步入老龄化社会

如何衡量一个国家（或一个经济体）是否已经进入了老龄化社会，在国际上尚无统一的标准。究其原因，一是人口的平均寿命会随着人类社会的发展进步不断提高；二是经济社会发展水平的差异，以及地理位置、气候、风俗习惯、劳动就业制度等的不同，国家之间人口的平均寿命和就业者的退休年龄差异较大。但为了分析研究问题的方便，人们还是有一个基本的理论框架（见表 1），其中一个重要的指标和界限是 65 岁以上人口占总人口的比重是否大于 7% 。

表1　国际人口类型划分标准（%）

判断指示	0~14岁人口比例	60岁以上人口比例	65岁以上人口比例	老少人口比例	年龄中位数（岁）
年轻型	>40	<5	<4	<15	<20
成年型	30~40	5~10	4~7	15~30	20~30
老年型	>30	>10	>7	>30	>30

由于生育率下降和预期寿命的提高，全世界正面临着人口增长速度大幅放缓和人口老龄化两大问题。根据联合国人口司（UNPD，2017）预测（下同），全球人口将由2015年的73.5亿分别增长至2035年的88.9亿和2050年的97.7亿。虽然全球人口总量仍将继续增长，但是人口增长的速度自20世纪80年代以来一直在不断下降。未来30年间全球人口增长速度将由过去30年年均近1.5%，下滑到年均1%以下，2020—2035年和2035—2050年全球人口增长速度将分别下降到年均0.88%和0.63%。

与此同时，全球人口的年龄结构也在发生着巨大的变化。老龄人口的比重不断上升，人口抚养比不断提高。全球老龄人口（65岁以上）的比重将由2015年的8.3%上升到2035年的13.0%和2050年的15.8%。根据世界卫生组织更进一步细分的定义，65岁及以上人口占总人口的比重达到7%时，为"老龄化社会"（Aging society），达到14%为"老龄社会"（Aged society），达到20%时为"超老龄社会"（Hyper-aged society）。目前，日本老龄化率已达25%左右，进入"超老龄社会"；欧盟国家的平均水平也在20%左右（如德国、意大利等均超过20%），处于"超老龄社会"的边缘；加拿大、美国、俄罗斯等国的老龄化率为15%左右，达到"老龄社会"的水平；与全球老龄化进程相伴随，中国自2000年开始，已经处于老龄化社会；2018年，中国老龄化率已达到11.9%，也将很快进入老龄社会。

与上述变化相伴随，全球人口总抚养比也将由2015年的52.5%逐步上升到2035年的55.7%和2050年的59.1%。其中，发达国家所面临的人口老龄化问题将更加严峻，发展中国家受到人口老龄化的拖累程度尽管不如发达国家严重，却面临着“未富先老”的严峻挑战。

应对老龄社会的到来将是人类面临的十分紧迫而又十分重大的现实问题和战略问题。

二、老龄化社会的根本矛盾

为了应对老龄化社会给全球带来的挑战，首先要透过现象，弄清楚矛盾和问题的本质。老龄化社会给人类带来了诸多矛盾：老龄人群体与其他劳动年龄群体的就业矛盾、老龄人的赡养问题、老龄人的医疗供需矛盾等。但归根结底老龄化社会的根本矛盾是“食之者众、生之者寡”的矛盾。因为，当老年人口在总人口中的比重不断提高，并达到一定程度时，就意味着人口总抚养比要超过50%。所谓人口总抚养比也称人口抚养比，是指总体人口中非劳动年龄人口数与劳动年龄人口数之比。通常用百分比表示。说明每100名劳动年龄人口大致要负担多少名非劳动年龄人口。非劳动年龄人口则由少儿人口（0~14岁人口）和老龄人口（60岁及以上或65岁及以上人口）两部分构成。此处指60岁以上人口。正如联合国人口预测指出的那样，全球人口总抚养比2015年为52.5%，2035年将会逐步上升到55.7%，2050年将达到59.1%。如何在“食之者众、生之者寡”这一根本矛盾之中，保证人类的可持续繁衍与发展，是全世界共同面临的重大挑战。

三、化解老龄化社会根本矛盾的思路

要化解老龄化社会“食之者众、生之者寡”这一根本矛盾，需要全人类共同努力，扭住要害、顾及当下、着力长远、持之以恒，全方位应对。所谓全人类共同努力，就是要在全球合作机制框架下，各个国家的政府、企业、非营利性组织、个人等一齐努力。扭住要害就是要紧紧抓住人类可持续繁衍与发展这一关键；顾及当下、着力长远、持之以恒，就是要在保障当下日子能过得去的前提下，采取战略性措施，持之以恒地解决好老龄化社会的矛盾。全方位应对就是要在各个领域、多措并举。基本思路是，尽可能发挥人力资源的作用，多创造财富，使“生之者”多一些，利用率高一些。与此同时，做好财富的分配使用，使财富更好地发挥作用，协调好“生之者”与“食之者”之间的关系。具体有以下几点建议。

第一，要尽可能提高全人类财富创造能力，增加总供给。一是通过技术创新、改善管理、加强劳动者学习与培训等措施，不断提高劳动生产率。二是积极推动经济全球化，通过生产要素在全球范围内的优化配置，提高使用效率，提高产出率。其中，人口和劳动力在全球的流动尤为重要。因为人口和劳动力结构与其他要素资源结构的不平衡矛盾是造成产出率不高的重要原因之一。三是逐步提高退休年龄，尽量延长人们正规就业的年限。四是鼓励终身非正规就业，终身参加创造财富的劳动。五是鼓励有利于改善老龄化的人口政策。当前和今后相当一个时期，在许多国家均应采取鼓励生育的人口政策。

第二，要搞好财富的分配使用。总的原则是，要从人类可持续繁衍发展的长远观点对待养老问题，税收、财政、社会保险等政策，既要能够让老年人安度晚年，又要有利于激励劳动年龄人口高效率地参与劳动，创造财富。养老保险政策要公开透明，要充分考虑社会的承受能力和可持续性，做到量力而行。在这方面，一些资源富裕型国家和发达国家由于对老龄化社会的冲击估计不足，现在已经逐步感受到了高福利养老的巨大负担，纷纷采取更加务实的养老保障政策。像中国等一些人均 GDP 水平较低的“未富先老”发展中国家，更是明显感受到了社会养老保障的巨大压力。

第三，要在思想上树立起长期应对人口老龄化的观念。一是要从老龄人口的标准入手，让人们从心理上变得年轻。例如，关于老龄人口的定义，建议今后少提或不提 60 岁及以上这一标准，而是要强化 65 岁及以上这一标准。这有利于在理论上延长劳动人口的正规劳动年限，有利于在心理上鼓励年长者尽量自食其力。二是要加强尊老爱幼等思想教育，让大家能够正确看待老年人，在心理上保持对社会财富分配中养老保障支出的平衡。在这方面，许多国家和民族都有自己特有的传统美德。如中华民族就有“尊老爱幼”“孝敬长辈”“孝敬父母”等传统美德。要采取多种方式，发扬光大。三是要对尊敬老人、孝敬父母者给予适当奖励和补偿。如一些国家正在实行的赡养父母所得税免税政策就是很好的补偿。在具体执行过程中，应该要求每年都要出具被赡养老人的证词和证明，以更好发挥这一政策的作用。

第四，要充分利用人工智能科技革命成果，创新养老模式。可以区分不同年龄、不同身体状况的老人，采取不同方式利用人工智能技术，实现人工智能辅助养老。如对于能够完全自理的老人，可以通过远程服务进行健康状况诊断和监控。对于半自理或不能自理的老人，可以配备不同功能的机器人帮助其生活。

第五，要动员全社会各方力量，采取各种形式开展养老服务。一是要通过法律等手段建立起养老保险体系，为老有所养提供经济保障；二是要运用各种手段提供养老服务。如居家养老，包括一些国家和地区的传统式家庭养老、社区和邻里互助的居家养老、对于有自理能力（含独处）老人的居家养老；机构养老服务，包括针对不同老龄人群的多层次机构养老服务，尤其是针对失能老人、高龄老人和独居老人等“高度脆弱老人”开展专业化医养护结合的机构养老照料服务；以及前文提到的将人工智能科技革命成果运用于养老助老行业产生的创新服务模式等。

可持续发展目标视角下的中国人口老龄化

毕儒博　UNDP 驻华代表处高级经济学家

无论是中国还是世界各地，老龄化是影响实现可持续发展目标的全球大趋势之一。目前，我们讨论的大部分是经济问题，而老龄化与可持续发展目标之间的联系比我们所认知的要更广泛。因此，我想从可持续发展目标这个更宽广的角度来讨论中国的老龄化问题。增长是可持续发展目标的一部分，但它不是主要目标，2030 年的可持续发展目标不仅是全球的目标，也是中国的目标。无论是在国内还是在全球范围内，中国都在为达成可持续发展目标的努力中扮演着重要的角色。中国在这方面做了很大的努力，也帮助很多“一带一路”沿线国家和地区发展经济，帮助它们实现可持续发展的目标。而我接下来要讲的，是另一个需要中国做出贡献的领域。

一、关于老龄化和可持续化发展的关系

联合国提出的可持续发展目标包括了若干方面，即消除贫困、消除饥饿，良好健康与福祉，优质教育，性别平等，清洁饮水与卫生设施，廉价和清洁能源，体面工作和经济增长，工业、创新和基础设施，缩小差距，可持续城市和社区，负责任的消费和生产、气候行动，水下生物，

陆地生物，和平、正义与强大机构，促进目标实现的伙伴关系。

这些指标涉及经济社会发展的大多数领域，表面上都没有提到“老龄化”问题，但是，老龄化几乎贯穿了以上所有领域，在很大程度上影响了可持续发展。从大量的调查和研究中发现，如何在老龄化的背景下保证社会和经济的可持续发展，如何能够保证财政支出的可持续性，这些都是重要的议题。但我们也要考虑其他的方面，如弱势群体、老年人的尊严等，如何让他们能够更好地在实现可持续发展的目标中扮演更积极和更有效的角色。所以，我们谈的可持续发展目标应该从更宽广的角度上来理解。我们知道，经济的增长是可持续发展目标中的一部分，是重要目标之一，是可持续发展当中一个非常重要的组成部分，但不是唯一的组成部分。所以，可持续发展不同时期的目标，都是组成可持续发展目标的体系。

二、在各国减少贫困与缩小差距

经调查研究表明，随着人口老龄化，不平等也在加剧。老年人之间的不平等反映在技能、能力和资源的终身积累上，随着年龄的增长，技能、能力和资源已经产生了差距，步入老年后，这种差距会进一步扩大。

此外，老年人之间以及他们与社会其他群体之间也存在差距。出生在营养和卫生条件差的贫困家庭的儿童，其受教育程度、就业机会和收入都可能比其他家庭差。因此，我们要确保年轻一代可以受到良好的教育，并且保持良好的身体素质，因为有一天他们也会变老，等他们年纪大的时候，会因年轻时足够的技能和知识、良好的身体素质而受益。这给我们的启示是，缩小当下年轻一代的差距，可以避免以后的不平等危机，其影响会体现在经济、社会和财政方面。

三、可持续发展目标的部分构成

可持续发展的目标一：消除世界各地一切形式的贫困。在所有地方都存在着各种各样的贫困，我们千年发展目标中的第一个目标就是消除绝对贫困。联合国提出的可持续发展目标要求，任何形式的贫困在所有地方都要消失。

——所有地方，指的不仅是每天只花 1.90 美元的极端贫困国家，还包括世界银行提出的更高标准的贫困，即每天 3.20 美元和 5.50 美元的国家。

——不仅是收入贫困，而且是包括能力等多方面的贫困。中国正在成为一个更富裕的国家，同时正在提高其贫困线标准，也在采用多维贫困指标。目前，墨西哥、南非、马来西亚及其他国家已经采用多维贫困指标。收入当然至关重要，但也要注重改善对老年人的社会保护和援助。老年人贫困是多层面措施需求的典型。如果人们无法获得他们所需要的医疗护理和其他如卫生与体面的住房等服务，仅仅衡量收入并不能充分说明他们能否过上一个好的生活。也就是说，如果没有服务，没有人文交流，即便有钱，生活可能还是一团糟。所以，多维贫困指标衡量的不光是收入，还有其他的方面。

可持续发展的目标二：确保健康生活，促进不同年龄层所有人的福祉。“不分年龄人人享有”，就要明确承认老年人面临的挑战。最近的世界卫生组织报告显示，到 2030 年中国将有 2300 万失智老人，是挪威人口的 4 倍。当然，这相对于中国人口来说还是很小的一部分，但我们还是要注重这种发展趋势。另外，我们还要注重精神方面的疾病与情绪健康。像老年人患有抑郁症，特别是留守老人，他们的抑郁比例要比其他人群高。老年抑郁症是一种全球性的现象，研究发现，中国农村留守老人的发病率高达23%，其他老年群体为16%。此外，精神卫生保健在全国来说仍是起步阶段，老年保健是一个巨大的挑战。

可持续发展的目标三：确保包容和均衡质量的教育，促进人人享有终身学习的机会。“人人终身学习”需要再次承认老年人的需求。一般来说，老龄化对教育政策的影响是巨大的。中国要做好这方面的准备，还有很多工作需要完成。此外，教育使儿童为新经济做好准备，在他们年轻时缩小差距，防止日后出现更大的差距。因此，在21世纪要加强技能与社会情感教育，推广优质免费高中，包括职业教育与培训，有效缩小城乡教育质量差异。

可持续发展的目标四：实现两性平等并提高所有妇女和女童权利。目前，中国老龄化的讨论中尚未提及性别问题，但是男女平等是一个重要的议题。老龄化与性别挑战密切相关。一般来说，老年妇女的收入不稳定比例要远远高于男性。在包括中国在内的许多国家，女性比男性更早退休，寿命更长。在全球范围内，她们的养老保险覆盖率和保障水平低于男性，而且往往差异很大。这在很大程度上是由女性的劳动力参与率和工资水平较低所导致的，从事非正规工作的女性人数众多，而且由于承担了生育、照料孩子及其他有需要的家庭成员等家庭责任，女性的事业往往较短且容易中断。这也反映了女性在生命过程中获得资源和机会不平等。

可持续发展的目标五：可持续发展的目标里提到了四大环境目标，即确保人人享有清洁饮水与卫生设施并实现可持续管理；确保人人都能获得负担得起的、可靠的、可持续的现代清洁能源；确保可持续的消费和生产模式；采取紧急行动应对气候变化及其影响。

老龄化与环境可持续性之间有许多联系。随着中国人口老龄化，我们对新的医疗设施、新产品、新消费产生了需求，因此，需要强调老年人作为新的经济需求主体的作用。如果不以绿色、低碳的方式满足这一需求，将直接损害中国实现其环境保护及气候变化方面目标和承诺的能力。

可持续发展的目标六：促进持久、包容和可持续的经济增长，促进实现充分和生产性就业以及人人都有体面工作。如今，“老年人”已是一个过时的术语；既然寿命长了，我们就需要更细致地区分老年群体。许多60岁、65岁、70岁及以上的人仍有很大的潜力能够继续工作、赚钱、贡献力量，这里包含了三个关键：获得培训、消灭歧视、无偿工作。提高退休年龄的问题很迫切，完善养老体系、使有需求的老年人得到照顾也十分紧迫。这些都涉及老龄化与经济增长。

四、理论总结

如何处理中国前所未有的老龄化挑战，就像如何实现可持续发展目标一样，是一个贯穿各领域的议程。这是一个综合问题，包含了协同的行动计划、充分考虑联系、协同效应和矛盾等方面，我们的可持续发展目标也是相互协同的。因此，我们不能光讨论增长的单个方面，还要考虑经济的增长、社会的增长和环境可持续等。当然，这是中国的强项所在，中国非常善于做规划，希望能够向全世界建立一个典范。社会服务并不是通过总体宏观指标来评估的，而是通过观察最弱势的群体来评判，努力做到不让任何一个人掉队。搭建缩小差距的桥梁，包括性别、城乡二元结构和地区发展等。可持续发展目标也强调国际性的伙伴关系以及相互之间的借鉴，而中国在其中发挥的作用越来越大。我们不仅需要把“一带一路”变成一条绿色的通道，还要把它变成银发经济的通道，让“一带一路”成为一个进行全球经验分享的平台，共同应对全球老龄化的问题。

日本高龄少子化对中国的借鉴

周玮生　日本立命馆大学教授

日本在社会财富分配、公平、环保、能源安全、高龄少子化以及和美国的贸易摩擦等方面，所经历的或者正在经历的，正是中国正在经历的或者将来要经历的问题。所以日本的很多做法值得我们参考。

日本的很多养老经验十分值得我们学习，它走过了很多的弯路。日本的高龄少子化是从“多生多死”直接跳到“少生少死”阶段的。日本现在的问题是人口总数减少，新生人口逐年减少，平均寿命在延长，它是全世界人类寿命最长的国家。这种情况下，生产年龄人口减少，劳动人口减少，导致国家的活力、创造力下降。所以过去有人说“逝去的20年”，接下来他们也在担心是否还是“逝去的20年”，他们也提出了很多做法，但尚未有明显有效的改善。

日本也好，中国也好，亚洲型的高龄少子化有一个共同的特点，就是从“多生多死”跳到“少生少死”，中国的情况受独生子女政策、生活以及医疗水平提高的影响，“多生少死”这个阶段我们跳过去了。日本现在的情况是，基本工资在20年内没有太多的增加。以前日本的情况是可以用一个男人的工资养活全家，那时候可以生好几个小孩，妻子不工作，但是现在一个人养不活全家了，而且妻子必须工作，这样的情况下要么不生小孩，要么妻子去工作。这就造成了少子化现象。另外，日本的劳动态度使得日本人寿命相对较长。

日本也制定了很多措施，首先出台了很多养老护理的法律。2013 年制定的《短时间劳动者的雇佣管理的改善等相关法规》，确保短时间劳动者的待遇，促进雇佣形式的多样化。2017 年，制订《工作方式改革实施计划》，实施并修改《雇佣保险法》等相关法律，将 65 岁以上的劳动者也视为雇佣保险的适用者，政府鼓励老龄人口就业，为老龄劳动者提供再就业、创业的机会。2019 年，日本推出了《全世代社会保障制度》，规定工作年龄可以延迟到 70 岁，临时工的工作也加入养老金制度。在日本，延迟退休年龄正在成为一种趋势。

日本还建立了《全民共同承担责任的保险体制》，老年人没有病的时候可以将劳动看护共享给别人，有病的时候从老年人银行获取。这个体制以前是比较有效的，但现在因为老年人口越来越多，使得这个体制承受了太大的压力。所以日本正在设想各种税收制度，包括延长退休年龄，使得老年人继续工作或者有第二职业，以降低社会抚养的成本，现在的出租车司机很多是 70 来岁退休后的老年人担任的。能解决一部分问题，但是还没有解决根本的问题。其实，日本的高龄少子化问题也是在摸索当中的课题。

现在日本面临的难题是：第一，养老医疗负担持续加重，压力非常大；第二，年轻人对养老金制度的担忧与日俱增，担忧自己未来老了怎么办；第三，介护工作人员的缺少，所以他们现在从菲律宾或者其他国家培养招收，不过这方面也产生了一些负面的问题。

中日专家针对老龄化做过一些数据比较。日本从 1970 年就开始进入高龄化。日本认为，65 岁以上的人口占总人口比例大于 7%是高龄化社会，大于 14%是高龄社会，大于 21%是超高龄社会，日本达到相关的阶段分别是 1970 年、1995 年和 2008 年。我国是 2002 年开始高龄化社会的，按照联合国的预测是 2025 年。

根据 2019 年中国国家统计局的数据，国内 14 个大城市人口有 1.43 亿人（超过日本总人口），人均 GDP 按照 PPP 换算约 3 万美元。中国现在整个 GDP 规模是日本的 3 倍左右，2019 年我们人均 GDP 虽突破了 1 万美元，但不足日本人均 GDP 的 1/4。有的人说中国是“未富先老”，这可能是我们面临比日本高龄化更严重的问题。在这种情况下应对中国的高龄化社会，可能需要很多社会的机制、市场的机制来推动，才能比较有效。

人口问题有三个要素——数量、质量和结构。在日本，数量不是问题，它的数量过多，质量也不是什么大问题，它最大的问题是结构。中国的数量已经超过了，这是影响中国未来可持续发展的“瓶颈”之一，中国的人数过多，所以今后需更加注重人口的质量问题。另外一个是结构问题。如何改变结构问题，其实我们以前有过很多的政策。当然，有失败的也有成功的，比如我们没有总结独生子女政策。

综上所述，中国应该借鉴的经验包括：第一，要慎重采用增加人口数量政策来解决老龄化社会问题，中国人口过多，始终是制约中国可持续发展的“瓶颈”之一。第二，建立延长退休年龄制度，日本已经在考虑，中国现在也提上日程了，这是一个重要的方式。第三，财富分配问题，日本在十年前就已经提出过建议，比如房产税收制度。第四，建立行政特区或者是政策特区，参考借鉴世界文明成果来解决中国面临的挑战，实现公平发展。

关于少子化问题的政策建议

倪红日　国务院发展研究中心研究员

中国已经步入了老龄化加少子化的时期，这几乎是不以人的意志为转移的现实。随着经济发展、福利待遇的提升，老龄化是一个必然的趋势，世界各国尤其是亚洲地区的经济发达国家几乎无一例外。

少子化在国际上也呈现一定的普遍性规律。但是在中国，又存在着特殊性原因，促使少子化正在加速。相关研究描述了中国少子化的现实与趋势。

少子化问题是比老龄化更难解决的问题。因为在中国形成少子化的原因是多方面的，其中包括婚姻问题，养育成本问题，教育结构和人才结构问题，以及生育政策的后续影响等。中国如何缓解少子化带来的社会矛盾，需要更为精准的政策建议。

一、放开非婚女子的生育政策

少子化在中国最近十年左右的时间，与出现大量的剩男和剩女无法婚配有密切关系。据相关报告，北京就有“剩女”80万左右。这些妇女不结婚，何谈生育？

从现象上已经处处可见大龄的“剩女”和“剩男”。这些“剩女”

大多学历很高，工作和收入很好，家境比较富裕，居住在大中城市，有相当一部分人由于各种原因，结婚的主观意愿很低。而“剩男”的特点是大多学历比较低，工作不稳定，收入一般，家庭原为农村地区，“北漂或者南下”到城市打工的比较多，当然也有一些是男士精英，由于各种原因成为高龄“剩男”，这部分人各个方面的条件都还不错，但是本人明显没有结婚成家的意愿。

可以判断，这些“剩女”和“剩男”之间能够婚配的可能性非常低。现实是，单身成年人口数量越来越大。据研究报告，民政部数据，2018 年我国单身成年人口高达 2.4 亿人，约为英国、法国、德国人口总和。其中，超过 7700 万成年人处于独居状态，预计 2021 年这个数字将上升到 9200 万人。随着时间的推移，这些人步入老年后，生育的可能性就丧失了。

从宏观上看，国家更加关注的是人口结构失调将会带来的社会问题：老龄化与少子化带来的养老保险制度可持续问题，劳动力减少带来的人力成本提高问题等。从微观家庭角度看，不能婚配的“剩男”和“剩女”们，当他们步入老年后的生活问题，令他们的父母现在就很担忧。无论是宏观还是微观，共同的意愿无非希望能够破解少子的难题。

现在有一些不能结婚的女子也想生育，通过现代医疗手段，比如冻卵和人工授精可以解决未婚生子问题，但是，中国目前还没有放开这一政策。

2021 年 3 月 8 日，《中国慈善家》杂志刊登了一篇题为《大龄、单身女性就不配有个孩子吗?》的文章。文中指出了五点内容值得关注：一是客观上存在未婚女子通过实施人工辅助生殖技术生育子女的社会需求，尤其在经济发达地区，一些群体的需求还很迫切。二是一些人已经开始尝试通过现代医学技术方式未婚生育，但是相关医疗机构和管理机关（卫生健康委员会），因为缺乏放开和支持政策，不敢正式开展这项医疗工作。三是关于这项政策，已经在全国两会及地方两会上，都有人大代表和政协委员提出冻卵问题的相关提案而引发热议。四是据说相关部门目前已经启动了《辅助生殖技术管理条例》的起草工作，在梳理辅助生殖技术领域突出问题的基础上，广泛听取医学、伦理学、法学、社会学等领域专家学者的意见建议。五是国际上已有国家开放了这项政策和医疗业务，具有现行经验可做借鉴。

建议政府决策层重视这一政策的研究和落地，加快推进放开非婚女子的生育政策，可以先选择几个经济发达省市进行试点。如果把这个政策放开，从国家层面看会在一定程度上提高生育率，缓解少子化矛盾。同时满足女子不结婚也可以生育的需求，在减少社会问题方面起到利大于弊的积极作用。

二、从降低入职学历门槛开始，调整教育结构和人才结构

受中国传统“学而优则仕”历史文化价值观念影响，加上现代经济社会中的其他因素，中国目前的教育结构和人才结构正朝着片面追求高学历的方向发展，并且这种高学历人才结构并不符合社会劳动力市场的需求结构。

女性高学历者数量规模明显高于男性，高学历女性对结婚对象的学历要求往往是同等学历以上的男性，这种学历上的男女比例失调，造成了“剩女”和“剩男”共存。

片面地追求高学历的教育和人才结构，不仅影响了婚配和生育率，也是造成基础教育阶段学生负担过重、整个社会教育成本过高、教育资源严重浪费的重要原因。2021 年，政府为了解决基础教育阶段学生负担

过重，整顿校外办学秩序，出台和实施了一系列的整顿措施，但是这些从供给侧采取的措施，实际上只能“治标”，难以“治本”。

建议从需求侧采取治本办法，在就业招聘环节，把学历门槛适当降低。国家机关事业单位带头，根据岗位需要，采取博士、硕士、本科、专科多档次学历门槛，比如招聘会计岗位，专科和本科就足够了，根本用不着招聘硕士甚至博士。最近听说一个更加离奇的事情，某省大城市中一所三甲医院招聘锅炉工，就因为是事业编制，连博士学位都有人报名。这一方面反映了事业编制的价值量在不断提高；另一方面反映了获得博士学位的人比较多，其价值量在贬值。

从就业招聘的需求侧采取措施的目的，就是促使整个教育结构发生改变，人才结构也会相应发生改变。要把我们的人才结构和教育结构重点放在专科和职业教育上，这对于解决人口结构、解决婚配问题是有长远意义的。并且对从根本上解决人才结构畸形、过度竞争、义务教育阶段学生负担过重、压力过大等问题都会起到积极作用。

三、采取弹性的指导性生育政策

生育的社会政策是否具有一定弹性会更好。从社会政策尤其生育政策上来讲，能否实行指导性、而非指令性的政策？鼓励生育政策，是否要设上限？建议可试行指导性的社会生育政策。

另一个支撑这一建议的论据是，从东亚经济先行发达国家的社会来看，韩国、日本等国家都比中国先行出现了人口老龄化和少子化的问题，尤其是日本，人口老龄化和少子化矛盾更为突出。新加坡也出现了“剩女”问题，20 世纪 80 年代新加坡总理李光耀，亲自讲话并采取了一系列政策，促进大学以上学历的“剩女”们的婚配。这些国家采取的应对这些社会问题的一些社会政策，值得我们研究、总结和判断国际先行经验在他国和中国的有效性程度，我们借鉴国际经验，采取相同或者类似的社会政策，并对政策产生的成效有所预期。

采取社会政策的效果可能只会缓解这些社会矛盾，依靠社会政策可能无法从根本上改变或者扭转人口结构。如果这一判断能够成立，那么就不要对采取社会政策寄予过高的期望，反而在一定程度上要“顺其自然”。从这个意义上讲，采取指导性的社会政策，可能会避免因采取指令性社会政策而产生的副作用和社会成本。

探索积极老龄化

海尔森　挪威 Fafo 研究基金会研究员

一、背景：一个可持续的社会需要有一个可持续的工作年限

一个可持续的社会需要其劳动人口有可持续的工作年限。也就是说，劳动人口和退休人口之间要保持合理的比例。20 世纪 60 年代，挪威有比较多的工作人口支持退休养老者，基本上 3.9 个劳动者扶养一个退休人员；到 2003 年，这个比例下降到 2.6；预计到 2050 年，这个数字将进一步下降到 1.6。人口老龄化带来的严重挑战显然使这样的社会结构不可持续。

当然，这不仅是挪威关切的事情，同时是日本、中国和大多数欧洲尤其是西欧国家的担忧。对于欧盟来说，欧盟侧重于通过社会对话来推动变革和创新。2002 年，欧盟的一份文件指出，其基本任务是巩固欧盟的经济和社会发展模式，在促进社会繁荣的同时确保社会团结。当然，这意味着要提高社会生产力，同时意味着大家要共同分担让整个社会持续健康运行的责任，这就需要平衡工作者和退休者之间的比例，使之保持在一个合理的区间。

二、提升就业率：让更多的人工作，增加工作年限

从表 1 可以看出，和 2000 年相比，挪威在 55～59 岁、60～64 岁、65 岁及以上年龄段人口的就业率在 2017 年有显著上升，其中 65 岁及以上的就业比例从 11.1%上升到了 18.6%（见表 1）。挪威的退休年龄从 62 岁改为 62～67 岁的弹性退休年龄区间。同时，我们也期待有很多人能工作到 70 岁，乃至 71～72 岁，新的养老体系也鼓励大家尽可能延迟退休年龄。

表 1　2000 年、2017 年不同年龄段人口的就业率（%）

国家	55～59 岁		60～64 岁		65 岁及以上	
	2000 年	2017 年	2000 年	2017 年	2000 年	2017 年
澳大利亚	44.3	74.2	12.4	28.2	2.7	4.8
比利时	42.2	70.8	12.4	29.3	1.5	2.5
加拿大	62.7	75.7	36.2	55.0	6.0	14.2
丹麦	76.8	83.5	34.4	58.8	2.5	7.4
芬兰	66.3	82.1	24.9	53.7	3.7	10.8
法国	58.8	77.2	14.5	31.2	1.3	3.1
德国	65.9	82.6	21.6	60.8	2.7	7.0
以色列	60.5	75.1	41.1	62.7	9.2	21.2
意大利	38.7	67.7	19.2	41.5	3.3	4.4
荷兰	54.8	78.4	19.1	59.6	3.2	7.7
挪威	78.3	81.0	54.5	65.0	11.1	18.6
波兰	41.0	66.6	22.3	34.4	8.0	5.5
斯洛文尼亚	32.9	68.9	14.4	21.6	8.4	4.0
西班牙	51.4	72.2	29.3	44.7	1.6	2.1
瑞典	82.1	88.8	52.6	72.1	10.3	17.5
瑞士	79.4	84.9	48.4	63.3	9.5	12.0
英国	66.3	77.0	38.2	54.1	5.3	10.2

北欧国家有很高的就业率，最高的是冰岛。不过，这份统计表里没有包括冰岛。虽然冰岛是一个小岛国，人口很少，但工作年限很长。

为什么会发生这些变化呢？为什么大家比 7 年前工作的年限要更长呢？为此我们开展了广泛研究，并得到政府机构、雇主组织和雇员组织等相关方的参与和支持。

挪威政府、雇主和雇员之间就延长工作年限事宜签署了三方协议，首次于 2001 年签订，并分别在 2006 年、2014 年、2019 年签署了修订版。通过这个协定，推动更加有包容性的政策，创造条件鼓励劳动者可以在到达退休年龄后能够继续工作。另外，挪威在研究和发展项目的基础上发起了高龄劳动者全国倡议 2001—2005。对老年人参加工作方面进行了大量的宣传教育，包括什么样的年龄仍然适合工作。为了推动积极老龄化，挪威研究委员会资助的许多大型国家研究项目都涉及“积极老龄化”这一课题。借此研究延长退休年龄会是什么样的情况、需要哪些条件以及如何推进等一系列相关问题。此外，社会伙伴机构、国家相关部委、老年政策研究中心和社会福利管理署等也都发起开展各种特定的研究项目。

三、积极老龄化的政策与体制

一是挪威福利体制。在挪威，延长劳动者的工作年限是在其福利制度框架下来设计实施，包括全覆盖的养老体系、提供养老院以及为仍然住在家中的老年人提供以家庭为基础的护理服务。创造条件让老年人尽可能长地住在家里，想住多久住多久。同时，挪威的养老金改革通过激励措施来鼓励劳动者延长工作年限，当然也让劳动者有更多的选择，可以在弹性退休年龄区间选择什么时间退休，也可以选择领取养老金和工作的具体组合。当然，如果他们工作时间越长、领取养老金的时间越晚，他们退休时的养老金水平就越高。因此，养老金改革确实产生了一些激励效益，让劳动者愿意工作更长时间。

二是三方关系和社会伙伴的角色。挪威的治理很大程度上基于政府—雇主组织—工会三方协商机制，并依赖于社会伙伴机构所扮演的角色，以此促进各方在国家、地方、企业各个层面就相关措施和倡议开展积极的社会对话。劳动者在公司层面上提出诉求可通过工会传递到国家层面的政策讨论。同样，在国家层面工会表示愿意支持的相关政策也能够顺畅地在公司层面实施。挪威通过这样的三方协商机制，以及相应的措施和倡议来促进创建一个老年人友好型的工作环境，让这些老年员工能够尽可能长地留在工作岗位上。

三是反歧视立法。挪威通过了《工作环境法》来为反对老年人就业歧视提供法律保障。其中，第十三条第一款为禁止歧视明确表示禁止任何基于政治观点、工会会员身份或年龄的直接和间接歧视。而第十三条第二款进一步明确适用范围，即适用于就业的所有方面，包括招聘广告、任用、调动和晋升，培训和其他形式的能力发展，薪酬和工作条件和终止雇佣。

如果有歧视问题发生，老年员工可以寻求法律援助，通过特定机构投诉、处理相关问题。从老年人就业角度看，这样反歧视的立法是非常重要的。

四、改变态度：从老而弱转向老而智

倡导“更长的寿命—更长的工作生涯”，积极关注老年员工和以经验为基础的能力。年老的员工有丰富的经验，从“老而弱”到“老而智”，这个态度要加以传扬。要通过这种方式改变人们对老年人的态度和策略，认识到老年员工的价值。

这是一个非常重要的领域。挪威养老金系统改革取得了一定成效，各种激励制度也正在发挥作用。但是，要让劳动者能够更长时间地继续参加工作，需要改变社会对此的认知和态度，要创造老年劳动者友好的工作环境，要认可老年员工的贡献。

我曾经访谈过一些老年人，其中有两位超过70岁了还在一家挪威建筑公司工作。他们说，有一份好工作，他们可以继续为社会作出贡献。有一份工作对他们来说很有价值，还让他们保持身体健康。这对社会和个人来说是一种双赢的局面。因此，我们要传达的信息是要把老人无用的观念转变成老人富有智慧和有价值的认知与态度，要充分认可他们的经验和能力。

以挪威为例：养老金改革的背景及其影响

斯特伦　挪威统计局高级研究员

挪威养老金制度改革始于2010年，其背景和原因是挪威人口出现了非常严重的老龄化，2010—2040年，挪威将经历非常严重的老龄化阶段。

可以预计，2040年80岁及以上的老年人口相对于2010年会翻一番。同时，67~79岁年龄段的老年人口也将大幅上升，而20~67岁的劳动年龄人口只会有轻微增长，其增长速度不及老年人口增长速度，这就是为什么我们要开始养老金制度改革。

从背景来看，“二战”之后出现的婴儿潮使人的平均寿命大幅延长。自1967年以来，我们引入了国家保险体系，在延长人均寿命方面发挥了作用，并有希望使未来人均寿命不断延长。此外，过去的这些年中有一个比较明显的趋势就是生育率在下降，这也导致了人口老龄化。

2010年以来，养老金支出大幅上升，老年人的健康医疗服务费用也预计在2025年会有大幅上升。对于早期的固定福利制度来说，在人均预期寿命延长以及大批人口进入退休年龄的情况下，采用固定的退休年龄（67~70岁）会使财政支出负担大。而以前采取的固定职业提前退休制度（允许从62岁起开始退休）刺激了约60%的人选择提前退休。因为固定的退休年龄是67~70岁，而提前退休不会影响超过67岁老年人的养老金收入。在这样的情况下，挪威及许多国家开始探寻如何进行养老金制度改革。

20世纪80年代，开始出现养老金制度“参数化”改革，以减少养老金的支出。到了90年代，许多国家从固定福利制度转向了积累型固定缴费制度，如在拉丁美洲、中欧、东欧和南欧都有这样的改革，通过改革可以增强公共财政，提高劳动力的供应，并使养老金更加可持续。

2000年以后，西欧的一些国家开展养老金制度改革以提高退休年龄、减少福利支出，包括意大利、瑞典、拉脱维亚、波兰和挪威都引入了非财政性固定缴费制度的改革措施。这些养老金制度改革的主要目的是通过减少未来养老金支出的增长以促进财政可持续性，通过延迟退休以增加劳动力供应和税收。国家保险体系中还涉及分配的问题，要通过养老金制度改革保持二次分配的功能。在挪威2011年的养老金改革里，包括国家保险体系里的养老金改革以及私营部门的提前退休计划，通过改革减少公共部门职业养老金支出。2018年，挪威出台了针对政府部门和工会的方案，即将公共部门的提前退休计划和职业养老金制度安排完全纳入新的体系，以减少支出。

国家保险体系中的养老金制度是挪威养老金制度中的第一支柱，它也是中央政府预算的重要组成部分。从2011年改革开始，固定福利制度转向了非财政性固定缴费制度，即个人在工作年限内通过缴费实现积累，在62~75岁灵活选择退休时间，每年得到的养老金收益就根据他的缴费积累除以预计领取退休金年限。由于提前退休和人均寿命延长会导致福利水平下降，因此延迟退休或许可以抵消这一副作用。工作年限内的养老金缴纳和平均工资增长水平挂钩，支出的养老金根据工资增长率减去0.75个百分点来计算。

私营领域的提前退休计划会根据2011年改革后的新制度进行相应调

整，公共部门领域改革后的提前退休计划和职业养老金制度对 1963 年及之后出生人群适用。这些改革对劳动力供给产生许多影响，首先，养老金积累与劳动收入紧密联系，劳动者支付的一部分税收会被强制作为其养老金储蓄，根据我们初步分析的结果，新制度的实施可促使劳动力供应增加 2.5%。其次，改革还对延迟退休产生了直接的影响，新的制度能够促使人们工作更长时间，因为劳动收入和他的退休年龄挂钩。另外，人均寿命的不断延长也会促进更多的延迟退休，但由于目前改革的时间还不够长，无法针对其在延退方面的影响做出精确的分析。

总而言之，2011 年的改革对劳动力供应产生了明显影响，在全面实施改革背景下，2020 年增长了 3.4%，预计到 2060 年，劳动力供应会增长 9.4%。

改革对养老金支出的预计影响。从长期来看，改革可以大幅减少养老金支出，短期内可能会出现养老金支出上升的情况，因为很多人会选择还在工作期间就取出养老金，但是从长期来看养老金支出是会下降的。改革的成效从长期来看更加明显，因为它可以更好地抵消未来人均寿命增长带来的影响。婴儿潮这一代人也会开始退休，从短期来看会对支出造成很大的影响，但是长期来看这种影响会被抵消。2018 年出台的针对政府部门和工会的规定相应更大程度地减少职业养老金的发放，对于 2030 年以后的支出有显著的影响。

关于敏感性的分析。改革减少了养老金的支出，主要是由于人均寿命的增长所推动的，更多劳动力的供应可以更好地支持公共收入。由于劳动力供给增加，由养老金支出带来的压力也相应地略有下降。

但我们的养老金制度也存在局限性，改革虽然可以抵消平均寿命延长带来的影响，但它不能够抵消其他的经济或者是人口结构变化带来的负面影响。要抵消这些影响，需要一个更加平衡的机制，需要参照其他国家更好的做法，使我们的收支系统更加平衡。我们也要通过养老金改革，实现社会分配在一定程度上更加公平。

另外，改革对于劳动力的供应来说，只有适度影响，并不能产生巨大的刺激。从挪威的制度来看，其最低的养老金水平相当于人均收入的1/3，最高约为人均收入的120%。挪威的制度将那些在家里从事照料工作的、没有拿到工资的人也纳入养老金发放的体系里。而依据人均寿命但不考虑性别的养老金制度改革可使女人获得更多的收益，因为女人往往比男人活得更长。

通过改革前后的对比看出，经过改革后的养老金制度在分配方面起到不错的作用，可以把更多的福利从男性转向女性，这也是一个再分配的过程。虽然挪威的老年女性进入劳动力市场的比例比男性低，女性养老金水平比男性低，但因为她们活得更长，所以总体来讲改革是平衡地起到了更好的再分配作用。新的养老金制度与旧制度相比，在各个层级的福利水平方面都更加收紧，但因为养老金水平不一，较低的养老金水平减少的幅度会更小一些。

第二篇

增长与养老——中国的选择与应对

面对老龄化社会的中国

迟福林　中国（海南）改革发展研究院院长

作为一个拥有超过14亿人口的大国，中国人口结构的历史性变化带来一系列深层次的结构性矛盾和挑战。如何在老龄化社会中有效释放经济转型升级蕴藏的增长潜力？如何通过结构性改革有效应对老龄化给经济增长带来的挑战？如何在经济增长中妥善解决好数亿人的养老保障问题？这已成为进入老龄化社会的中国迫切需要解决的重大问题。

一、老龄化社会的中国正面临着增长与养老的结构性矛盾

我国目前仍处于转型发展的关键时期，经济增长十分重要，养老保障问题也日益突出，“既要增长又要养老”，成为我国的现实选择。在这个特定背景下，增长与养老的结构性矛盾，开始成为我国转型发展的基本性问题。

1. 我国面临人类历史上前所未有的增长与养老的结构性矛盾。一方面，中国经济转型升级正处于关键阶段。初步估算，中国的产业结构、城乡结构、消费结构仍有巨大的转型升级空间，服务业占比、城市化率和服务型消费占比在未来5~10年仍然有10%~20%的提升空间，这将带来巨大的新增市场，使经济有望在未来十年左右实现5%~6%的增长。

另一方面，未来十年左右我国仍将处于人口老龄化快速发展的阶段。2018年，我国60岁及以上人口已达2.5亿人，其中65岁及以上人口达到1.67亿人，占总人口的11.9%。

中国老龄化的规模史无前例，老龄化阶段与发展阶段错位程度在人类历史上也是前所未有的。比如，按2010年不变美元计算，在65岁及以上人口占比达到12%左右时，中国的人均GDP不到1万美元；而在达到相同的人口老龄化水平时，德国的人均GDP为1.8万美元，美国、日本的人均GDP分别高达2.9万美元和3.8万美元。我国“未富先老”，迫切需要走出一条经济增长与养老保障的平衡之路。

2. 人口结构的历史性变化成为中长期增长的重大挑战。2013—2018年，我国劳动力人口数量累计减少2560万人。联合国预测，到2050年我国劳动年龄人口将累计减少2亿人。同时，我国劳动力老化趋势明显。《中国统计年鉴2018》数据显示：过去七年，中国50~64岁劳动人口占劳动人口总数的比重提高了3.3个百分点，单位劳动产出增速则下降了2.3个百分点。

3. 人口结构变化带来服务型消费的全面快速增长。人口老龄化进程的加快，带来服务型消费全面快速增长，“银发经济”蕴藏着巨大的产业发展空间，成为我国经济增长的重要动力。保守估计，到2030年，我国老年人口消费规模将达到18万亿元，到2050年达到61万亿元。但是，从供给端看，我国养老产品和服务供给总量严重不足、结构不合理、水平不高的矛盾相当突出。例如，目前我国至少需要1000万名养老护理人员，但实际从业人员不足百万名，家政养老看护服务和社区日间照料的缺口率分别超过55%和70%。把全面快速扩张并不断升级的老年人消费需求转化为产业发展与经济增长的现实动力，成为供给侧结构性改革的重大任务。

4. 人口结构变化使中国宏观经济政策面临两难选择。在经济下行压力加大与老龄化进程加速交织并行的背景下，宏观经济政策的选择空间与灵活性受到双向挤压。以财政政策为例，一方面，要有效释放市场活力以推动经济增长，需要更大力度的减税降费，包括大幅降低企业养老保险的缴费负担；另一方面，老龄化程度的不断提升，又要求不断扩大涉老公共支出规模。面对增长与养老的结构性矛盾，中国财政政策在相当长的时期内，将面临推进减税降费与扩大涉老支出的两难选择。

二、老龄化社会的中国需要以结构性改革破解增长与养老的结构性矛盾

超过 14 亿人的大国要在经济增长中解决养老问题，在扩大养老服务中释放增长潜力，既需要实行具有超前的、能够延缓和减轻老龄化冲击的产业、就业、人口等政策调整，更需要适应人口结构变化推进相关制度的重大变革。

1. 适应人口结构变化趋势，加快人口政策调整与劳动力市场的结构性改革。

（1）改革现行退休制度，推行灵活退休政策。从国际经验看，需要考虑尽快在更大范围内实施弹性退休制度。这不仅有利于推迟劳动力缺口出现的时间，而且有利于缓解养老金体系的支付压力。

（2）尽快调整生育政策。建议在现行生育政策的基础上，逐步实行产假、陪产假、孕产妇医保、产科和儿科医护、孕期和哺乳期妇女弹性工作制、学前教育等鼓励生育的政策，并加快探索建立生育家庭税收减免等长效激励制度，促进生育率的明显提高。

（3）尽快让农民工成为历史。争取到 2020 年使农民工完全享受与

城镇职工同等的基本公共服务与福利待遇，让农民工更好地融入城市，尽快形成一支稳定、高效的产业工人队伍。

2. 适应需求结构变化趋势，加快以服务业市场开放为重点的政策调整。以服务业市场开放为重点，推进产业政策调整，既可以破解服务供给短缺的突出矛盾，又可以有效释放增长潜力。过去几年，中国推出了一系列放开养老服务市场的相关政策，尤其放开了社会资本投资养老机构的准入限制。更加有效地应对老龄化挑战，需要进一步加快以养老服务为重点的服务业市场开放，才能适应多元化、个性化养老服务需求的全面快速增长且不断升级的大趋势。

（1）按照“公开市场、公平竞争、公正监管”的原则，进一步打破养老服务相关的市场壁垒。例如，尽快实现不同所有制养老机构在财政补贴、税收、贷款、土地、人才、政府采购等政策，以及水、电、气价格等方面的平等待遇。

（2）在养老和医疗领域尽快引入国际先进标准。例如，欧盟 28 国已有 20 国对药品增值税实行了优惠税率。建议我国未来 2 年把药品进口增值税税率降至6%；在进口抗癌药，国内生产治疗癌症、罕见病、糖尿病、乙肝、急性白血病等药品重要原料实施零关税的基础上，对癌症诊断和治疗的进口设备尽快实行零关税，进一步降低癌症治疗的成本。

（3）深化公办养老机构改革。例如，将一部分利用率不高、资源闲置的公办养老机构交由社会资本运营；通过公建民营、“一院二制”等方式吸引社会资本参与公办养老机构运营。

3. 以发展长期护理保险为重点切实解决养老服务资金短缺问题。从国际经验看，长期护理保险是适应老龄化社会护理需求不断增长趋势的一个制度安排，也是解决养老服务资金短缺的重要方式。目前，中国已经开展了长期护理保险的试点，下一步需要借鉴国际经验，加快提高长期护理保险的覆盖率。同时，推进养老金结构调整，在强化作为第一支柱的基本养老金制度的同时，尽快建立和完善作为第二支柱的企业补充养老制度和作为第三支柱的个人储蓄养老金制度，以此降低第一支柱与公共财政的压力。

4. 在协调区域、统筹城乡中拓展宏观政策空间。随着劳动力在全国范围内的流动，大量年轻劳动力由农村流向城市，由欠发达地区流向发达地区，造成人口老龄化的“城乡倒置”与欠发达地区老龄化程度高、发达地区老龄化程度低的“区域倒挂”。2016 年，中国农村老龄化水平已达 15.4%，高出全国平均水平 2 个百分点以上；2017 年，广东 65 岁及以上人口占比仅为 7.7%，而重庆、辽宁等地已高达 14%以上。从另一个角度来看，“城乡倒置”、“区域倒挂”为中国解决增长与养老难题提供了政策空间。例如，通过倾斜性的区域发展政策加快中西部经济增长和社会发展，辅之以人口政策、就业政策及税收政策，可以积极吸引更多劳动力人口从东部地区向中西部地区的回流和转移，分散人口老龄化风险；以全面实行居住证制度取代城乡二元户籍制度，可以释放农村老年人口消费潜力。这就需要在完善中央调剂金制度与加快推进养老保险省级统筹改革的基础上，尽快实现城镇职工基础养老金全国统筹。

三、关键是发挥政府、社会与企业的作用，尽快形成应对老龄化挑战的合力

在快速的老龄化进程中，14 亿人的大国既要增长又要养老的双重战略任务，离不开多方的共同参与。这就需要在政府“建制度、保基础、严监管”的同时，调动多方积极性，有效发挥社会与企业作用，形成三方合力。

1. 充分调动社区积极性，发挥社区在应对老龄化挑战和释放消费需求的支柱作用。社区不仅是居家养老的主要依托，也是养老服务消费的主要场所，更是传统熟人社会和谐发展的重要载体。大力发展社区养老服务业，对中国应对老龄化更具特殊意义。

（1）加大对社区养老服务的投入力度。争取使国家和省级养老支持资金用于补贴社区居家养老服务设施建设的比重从当前的10%左右提升到20%左右。

（2）鼓励社区组建多种类型的养老服务社会组织。在经费来源、税收待遇、监督管理、承接政府转移养老职能和公共服务等方面给予倾斜性政策支持。

（3）提倡和弘扬“社区互助文化”。通过家庭自助、邻里互助、社会关爱等形式，引导、整合社会力量参与老龄化社会建设。

2. 充分调动企业积极性，发挥企业在应对老龄化挑战中的重要作用。应对老龄化的挑战，在政府保基础的同时，要充分发挥企业的重要作用。比如，在养老机构上，中国当前民营养老机构占比仅为46%，需要吸引更多的社会资本和外资投资养老机构，使之成为养老服务供给的重要力量。同时，将政府购买公共服务作为调动企业积极性的重大举措，通过购买服务、发放养老券、税收抵免等多种方式，优化民营养老机构发展的政策环境。

3. 突出中国养生养老文化传承，形成养生养老传统与养生养老服务技术创新的强大合力。在老龄化加快趋势的同时，中国也面临着新科技革命的机遇。一些发达国家在应对老龄化挑战中率先采取新技术，以减少养老服务的人工依赖，这对缓解劳动力短缺、提升养老服务质量发挥了重要作用。鼓励支持采用远程照料、远程医疗、远程健康等“互联网+养老”服务，提高中西部地区及农村地区养老服务水平；支持社区、养老机构、社会组织和企业利用物联网、大数据等信息技术发展智慧养老。在发挥科技力量的同时要看到，中国应对老龄化挑战有着传统优势。比如，中医擅长“治未病”、“促保健”，建议把某些传统养生养老服务纳入政府采购目录以及医保目录，采取措施，大力支持中医药事业传承创新发展，充分发挥传统医学在应对老龄化中的特殊作用。

从“共富”视角应对老龄化的思考

苏海南　中国劳动学会特约研究员

一、从“共富”视角应对老龄化的背景

中国正在按照习近平总书记的指示精神，开始扎实推动共同富裕。在此进程中，2020 年占全国人口 18.7%，总量达 26402 万人的“60+”老年人，理应与全国其他公民一样追求实现物质生活和精神生活的全面富裕。尤其到 2025 年、2035 年和 2050 年，老龄化比例预测可能分别上升到 23%、31%和 40%，如果届时老年人群体享受不到此相应时段与其他人群大体一致的富裕物质生活和富裕精神生活，中国共同富裕的实现是无从谈起的。将老年人纳入共同富裕范畴，是指老年人享有“老有所养、老有所医、老有所学、老有所乐、老有所为、老有所尊、老有所规”和“有尊严”、“体面”的老年生活，按照习近平总书记所指出的，“让所有老年人都能有一个幸福美满的晚年”，这已成为扎实推动共同富裕工作中不可或缺的内容。这也正是从“共富”视角应对老龄化思考的社会、时代背景。

二、从“共富”视角分析老龄化中存在的突出问题

目前，老龄化领域与共同富裕建设相背离的突出问题有两个方面，即“三个困难老年群体”和“一大不足”。

“三个困难老年群体”，一是指失能/半失能老年人。2020 年，中国失能/半失能老年人口数量约为 4200 万人，在全部老年人中占比为 15.9%；预测 2030 年、2050 年，中国失能/半失能老年人口数量分别为 6290 万人和 9600 万人，占比分别为 17.0%和 20.0%。尤其是其中无钱住院、无钱请人到家照护的失能/半失能老年人，如无救助将难以有尊严地生活。二是指农村低收入、生活相对困难的老年人。2020 年，全国农村最低生活保障对象中 60 周岁及以上老年人为 1338.6 万人，占农村全部低保对象人数比例达 37%；全国农村特困 60 周岁及以上老年人为 366.3 万人（无劳动能力，无生活来源，无法定赡养、抚养、扶养义务人或者其法定义务人无法履行义务能力者），占农村特困人口比例达 82%；这一群体如无救助也将难以有尊严地生活。三是指城镇低收入、生活相对困难的老年人。2020 年，全国城市最低生活保障对象中 60 周岁及以上老年人为 147.6 万人，占城市全部低保人数比例达 18.3%；全国城市特困 60 周岁及以上老年人 21.3 万人，占城市特困人口比例达 68.3%；这一群体如无救助其生活也将很困难。综合可知，以上三个群体是推动共同富裕过程中我们需要高度关注和照顾的群体，是切实保证共同富裕质量及其富裕覆盖面的重点。

“一大不足”是指养老服务供给不足。面对老龄化的快速发展，当前中国养老服务供给明显不足，难以适应“扎实推动共同富裕”进程中使老年人共享“共富”建设成果的需要，必须多方面协力、多措施全程

配套，尽快弥补养老服务供给不足。

在扎实推动共同富裕进程中，抓好老龄化存在以上三个困难群体的养老服务保障，同时切实解决养老服务供给不足，是应对老龄化和落实“共富”要求的关键环节。

三、从“共富”视角应对老龄化的对策建议

针对上述“三个困难老年群体”和“一大不足”，现提出如下四方面对策建议：

第一，将应对老龄化纳入共同富裕建设工程。2022 年 2 月，国家发展改革委员会按照中央关于扎实推动共同富裕的方针，推动制定出台《促进共同富裕行动纲要》，并据此组织实施推动共同富裕工作。鉴于应对老龄化任务繁重，同时考虑上述所提三个特定老年人在一定意义上类似于贫困人口，建议参照“精准扶贫”的做法，在老龄化工作中相应确立“重点扶老、精准扶老”的原则，针对这三个老年人群体，以国家关于共同富裕 2035 年、2050 年时点目标为基础，参照届时全国人民迈向共同富裕进程中将达成的富裕水平，相应规划应对老龄化存在问题和妥善解决这三个群体生活困难的时点目标，将相关应对老龄化措施纳入即将制定的《促进共同富裕行动纲要》，据此适时修订完善相关措施并抓好贯彻执行。

第二，着力解决三个困难老年群体的养老服务保障问题。建议分别采取如下措施：

1. 尽力解决好失能/半失能老年人养老服务保障问题。一是各地区养老服务主管部门、养老服务机构应建立特定失能/半失能老年人的联系制度，夯实重点扶老、精准扶老的基础；二是协同多方面力量和资源，

帮助有条件入院失能/半失能老年人入住养老院或医院；三是构建相关制度，加快实现就地就近上门提供失能/半失能老人的口腔、皮肤、进食、体位护理和安全指导；四是集合多方面力量和资源，帮助经济困难失能老人申请困难老年人养老服务补贴和失能老年人护理补贴；五是研究完善经济困难失能老人的保险、救济制度，并组织抓好落实。

2. 努力解决好农村低收入、生活相对困难的老年人养老服务保障问题。一是结合近年来社会主义新农村建设和农村养老服务体系建设，相应建立健全对低收入、生活相对困难老人的养老服务制度，并组织抓好落实；二是研究建立健全散居、缺村社依托的低收入、生活相对困难老人的养老服务制度，并组织抓好落实；三是有针对性地研究民政、财政帮扶农村低收入、生活相对困难老人制度和措施，并组织抓好落实；四是要求各地将此群体的养老服务保障作为重点工作抓紧落实。

3. 努力解决好城市低收入、生活相对困难老年人养老服务保障问题。此群体人数不多，总的思路是依托城市养老服务体系抓好两个方面工作：一是健全针对此群体的养老服务制度；二是抓好相关制度的贯彻落实。

通过以上工作，一方面，兜住底线，切实保障这三个群体老年人起码享有有尊严的晚年生活；另一方面，努力实现这三个群体老年人享有较体面和体面的晚年生活；同时努力实现这三个群体老年人晚年生活水平与共同富裕 2025 年、2035 年、2050 年三大时点目标和要求相匹配。

第三，大力健全完善养老服务体系。一是大力发展社区居家养老服务模式，使之成为主导模式并不断创新其具体操作模式，与家庭养老、社会机构养老等辅助模式共同更好发挥应有功能。二是进一步建立健全养老服务制度，包括老年人助餐、助急、助医、助行、助浴、助洁、家政等服务制度，医疗护理、康复护理、临终护理制度，逐步健全老有所学、老有所乐和老有所为制度；建立健全老年人养老、医疗以及其他方面待遇水平的科学合理调整制度，并抓好落实。三是健全养老服务资金筹措制度，包括政府财政资金、企业资金、社会捐赠资金、居民和老人个人投入资金等，多方面筹措资金并管好用好，多途径增加养老服务供给。

第四，多视角配套改革化解老龄化带来的问题。应对老龄化，不能光就老龄化研究应对老龄化，而应从社会经济层面研究采取多方面配套措施，来协同应对。一是加快完善并落实鼓励生育制度，促进提高生育率，增加新生人口，减缓老龄化速度；二是研究出台并稳妥实施延迟退休制度，努力维持劳动参与率不降低，或放慢降低速度，至少确保劳动参与率，努力保持必要的劳动人口，维持我国经济发展的正常运行；三是努力解决目前仍存在的养老待遇不公平问题，在此领域更好地贯彻基本公共服务均等化原则，更好体现普惠制原则，推动二次分配的公平，缩小不合理社会保障差距，从而促进缩小不合理的广义收入分配差距；四是学习借鉴国际养老服务有益经验，特别是参考借鉴近邻日本、韩国等国家养老服务的有益经验，促进提高我国的养老服务水平；五是构建和谐老龄化社会以及对老年人良善友好的环境，培育并发扬尊老敬老助老的中华民族优良传统，同时采取恰当措施纠正并逐步杜绝少数老年人的不良言行，真正构建起“老有所尊”、“老有所规”的社会氛围。

如何应对高龄少子化

郑京平　国家统计局原副局长

进入 21 世纪的第二个 10 年后，人口高龄少子化问题正在日益成为一道全球共同面临、亟待积极应对的人口难题。无论是联合国人口统计分析预测的结果，还是联合国大会上的议题，都提示着我们，人口自然增长率的持续下降，乃至由正转负，已经到了危及人类生存繁衍、更好生活的关键时刻，急需采取积极正确的措施加以应对。我想就相关问题的概念、现状及趋势、如何应对等，给出一些粗浅的看法。

一、高龄少子化是否会成为趋势?

所谓“化”即一个时期的发展方向。“高龄少子化”由两个部分组成。高龄化是指特定较高年龄（如 65 岁或 80 岁）及以上人口的比重达到一定程度，且不断上升的过程。目前，国际上比较认同的观点是 65 岁及以上人口的比重超过 7%即为老龄化。而高龄化则是指 80 岁以上的人口比重超过一定比例，且不断上升的过程。少子化是指 0~14 岁人口的比重或者是总和生育率不断下降（且达到一定程度）的过程。按照上述定义，根据发达国家的经验，高龄化已经成为一个趋势，或者肯定会成为趋势。因为随着健康水平和医疗水平的提高，人类的寿命延长。而少子化从发达国家的经验看，也很可能会成为趋势。但我认为，这方面还可能存在一定的变数。因为，随着人类对于少子化的认识和采取的一系列措施，是否会改变这种趋势，或者使这种趋势减缓呢？我认为还有待观察。也就是说，综合起来看，高龄少子化在全球很可能会成为趋势。“三低”（低出生率、低死亡率、低自然增长率）是高龄少子化的重要特征或原因。

虽然从总体上看，高龄少子化正在形成一种趋势。但是，高龄少子化的现状和变化趋势在不同国家有较大的差异。发达国家、发展中国家和全球平均的变化趋势有一定的不同之处。中国的变化趋势也有自己的特点。从总和生育率、人口自然生长率等指标看，均是在朝高龄少子化发展，虽然没有达到最严重的地步，但正在朝着这个方向发展。从总人口的抚养比看也是如此，14 岁以下人口的比重、65 岁以上人口的比重趋势也很明显。80 岁以上的人口比重也明显有这种趋势。特别是中国，到 2060—2070 年，其严重程度会超过发达国家的水准。

当然，根据历史经验，关于高龄少子化是否会成为趋势，具体变化曲线又会如何，我们在进行预测时，一定要注意把握“既要大胆假设，更要小心求证”这一原则。历史上关于全球人口增长与粮食、能源等关键资源矛盾的预测，随着科技的不断进步，以及各国有关政策的调整，今日看来均已经成为笑柄。特别是全球人口增长的分析预测，已经从过去担忧人口爆炸引发资源不足，演变到现在担忧人口会逐步地减少甚至是下降的问题，整个方向都逆转了。所以在我们的预测过程中，也一定要注意科学性和前瞻性。

关于中国的情况到底怎么样呢？我的判断是，高龄化已经成为趋势。少子化也基本上成为趋势。说“基本”是因为毕竟还有国家人口及相关政策的调整，以及传宗接代这种传统中华文化有一定的顽固性等因素带来的冲击和影响，可能会使少子化的趋势有所波动和变化。特别是2021年，党中央和国务院又出台了关于实施鼓励生三个孩子的政策及其配套措施。

二、高龄少子化问题的本质是什么？

少子化问题的本质，在不同时期有所不同。在少子化初期，在一个较短期内，会减轻劳动力的负担，也就是整个社会的负担，会因抚养的小孩越来越少而减轻。但是，随着时间的推移，在中长期则会使劳动力，也就是社会负担急剧增大，会加剧老龄化社会的“生之者日寡”的程度。因为0~14岁人口成长到15~59岁，进入劳动力年龄人口时，劳动力供给少了，整个社会创造财富的人少了，所以，负担就加重了。也就是说少子化问题的本质与高龄化有所不同，这是我们需要注意的。

但无论如何，综合高龄化和少子化两个方面的问题，我们仍可得出高龄少子化问题的本质与老龄化问题的本质是类似的，依然是“食之者众、生之者寡”。并且，因高龄化养育护理成本大大提高，少子化劳动力供给相对减少，还会加大加重单纯老龄化问题的程度。因此，如果任其发展，特别是其中少子化的发展，甚至将会危及人类生存与繁衍。因为少子化导致的人口下降趋势，如果一直发展下去，并达到一定程度，一旦遇到像新冠这样全球性大疫情的时候，再叠加地震、海啸乃至人类自身造成的重大灾难，人类将会遭受灭顶之灾，整个人类很可能会消亡。这并非危言耸听。历史上，恐龙的消亡、人类一些种族部落的消亡等，都是前车之鉴。当然，随着科技及人类自身的发展，我们应该会有更多的智慧去解决这个危机，但尽早警醒与防范是必需的。

三、高龄少子化问题的解决思路

关于高龄少子化问题的解决思路，基本逻辑或目标是：一方面，要增加“生”的能力（产出能力），减少“食”的水平（消耗水平）；另一方面，要创造及保证人口可替代的生育条件及实际生育结果。

前者是指尽可能发挥人力资源的作用，并充分结合科技，特别是智能科技等的应用，提高全人类财富创造能力，多创造财富，增加总供给。与此同时，通过提高退休年龄、增加女性就业等措施，减少“食之者”的总量。通过改善医疗卫生条件，提高健康水平，尤其是提高老年人、高龄者自理能力，减少护理支出。此外，还要注意财富的分配使用，协调好“生”之者与“食”之者之间的关系，提高财富分配使用效率。后者则是指通过人口生育及相关配套政策法规的建立和完善，使总和生育率维持在2%左右的人口替代水平。

特别值得强调的是，在上述应对高龄少子化的过程中，必须十分注重观念的转变。例如，对人口下降危害的认识，以及发挥全球化的作用。

要迅速创建起积极应对高龄少子化的新思维。应对高龄少子化是一项具有战略性、综合性和全球性的十分紧迫、非常艰巨的重大长期战略任务，不容迟疑。从紧迫性与长期性看，“十年树木，百年树人”。从重要性看，少子化关系到人类生活质量、人类消亡。从涉及的范围看，需要世界各国共同努力。因为高龄少子化是人类共同面临的问题。而目前高龄少子化在国家和地区之间发展的不平衡，为我们解决问题提供了一定的时间窗口和空间配置机会。我们可以通过人力资源的移民、扩大服务贸易等方式，使人力资源在全球范围内进行配置，更好地渡过难关。此外，人力资源是社会发展最宝贵、最根本的要素，人口结构和人的发展关乎人类活动的方方面面。因此，要在立法、教育、文化、体育、医疗保健，以及经济、金融、科技、社会等诸方面综合施策。

制定优化人口及相关配套的法律法规，积极鼓励生育。使生育意愿回归正常，使总和生育率达到2%左右的水平。

采取各种手段提高劳动生产率。如改革体制机制、推动管理革命、继续推进全球化、加快科技创新、提高普及教育水平、改善医疗卫生条件、普及体育锻炼等。

尽快实施延迟退休、扩大女性就业等增加劳动力供给的政策法规，尽量提高人力资源的供给水平。延迟退休马上就可以增加劳动力供给，减少吃养老保险的人数。而且，当我们采取自愿性延迟退休政策时，它还具备了一定的灵活性，不会像强制性退休政策的作用那么强烈，造成社会动荡的可能性很低。

用数字化智能等科技手段扩充或替代人力资本。如在医疗护理、养老服务等领域，人力资源的供需缺口十分大，有很大的发展潜力。

建立与应对高龄少子化相适应的养老、医疗、长期护理保险体系。利用市场化手段，让养老、医疗、长期护理等资金更好地保值增值，提高使用效率。

建立良好的养老机制。一是充分利用人工智能科技革命成果，创新养老模式。二是动员全社会各方力量，采取各种形式开展养老服务。无论是传统方式，还是现代方式，抑或是二者相结合的方式，只要有效就行。

建立积极应对高龄少子化的医疗卫生健康体系。提高人口卫生健康水平，减少老年失聪、失能、无法自理等问题。要从优生优育开始做起，从小就注重医疗健康护理，使人们在步入老年以后，还能保持较好的健康状况，不至于失聪失能，造成更大的社会负担。

中国经济：应对老龄化冲击的宏观思路与决策选择

田雪原　中国社会科学院学部委员

一、老龄化趋势与双向效应

国内外学术界对于如何观察人口的变动有一个共识，那就是20世纪是人口数量暴涨的世纪，全球人口从16亿多增加到70亿多。因此，21世纪是人口老龄化的世纪。

当前，关于全球化的概念到底有多少，各种说法都有，但是达成较多共识的有两化：一个是信息化，信息时代；另一个是经济全球化。尽管经济全球化目前受到关税保护等影响，但经济全球化的大趋势仍然是不可改变的。

人口老龄化形成对各方面的冲击。对社会经济发展形成的冲击最值得关注，因为经济是基础。这种冲击随着老龄化的加深而变得强烈起来，迫使人们不得不重视、刮目相看。未来5~10年仍然有10%~20%的提升空间，使经济有望在未来10年内实现5%~6%的增长率。经济保持在5%~6%的增长率和老龄化是什么关系？我们要达到这样的经济目标，怎么对待老龄化？

1987 年，我到欧美国家和日本进行考察，发现旅游队伍中银发浪潮最为抢眼；而在中国游客中，青年人居多，旅游产业主要面向年轻群体。如今步入老龄化中期，65 岁以上的老年人占比达到 13.5%，而且养老、养生、旅游偏好颇强，银发浪潮在旅游大军中涌动起来。旅游产业再也不能无视老年市场的日趋繁盛，它们将发展老年旅游作为重点，甚至开出老年旅游专列。

因此，冲击是双向的，正负能量同时存在。挑战与机遇并存，只讲负面的冲击是一种误读和误区。应对老龄化冲击，就是要在老龄化带来的消极因素中，寻找可能利用的积极因素；在积极因素中，看到另一面消极因素的掣肘作用，未雨绸缪，寻求兴利除弊发展思路和对策。

二、坚持就业优先方针：释放“后人口黄金时代”尚余人口红利

人口红利衰减，继续推行就业优先方针。这是老龄化冲击带来的积极因素，是特定历史发展阶段不可替代的人口年龄结构变动黄金时代提供的人口红利期。这一黄金时代在老龄化前期出现，是普遍带有规律的现象。

中国人口红利在改革发展中的贡献有目共睹，一般新增 GDP 27%~30%是新增劳动力贡献的。因为，老龄化主要由出生率下降、预期寿命延长引起；前期以出生率下降影响为大，造成从属比小于 0.5，提供相应的人口盈利、人口红利。

进入 21 世纪以后，不断出现中国人口红利消失“警示”。甚至把经济下行、股市下跌、投资效益下降，都归于“人口红利消失”。这是一种误读和误导。数据表明，2010 年人口红利达到峰值。此后则出现衰减

趋势，但要到2030年前后方能归零；此前则仍有人口红利可供提取。我们现在谈到老龄化，有一点谈老色变，好像老龄化来了不得了，要高度重视。但是，老龄化社会没有一些人讲得那么严重，我们进入21世纪经济下行也不能够用人口红利消失来解释。我认为，我国现在人口红利没有消失，但是处在衰减当中。

应对之策，要继续实施就业优先方针。一方面，目前每年尚有1300万~1500万劳动力就业：来自劳动年龄人口自然增长；另一方面，来自2.4亿流动人口主要流向城市就业。这对稳增长和跨越中等收入陷阱有决定性意义。虽然人口红利不断衰减，但衰减仍然有利可图。在保增长、保就业、稳增长中，实现对中等收入陷阱的成功跨越。

三、劳动力就业以数量换质量：为高质量发展保驾护航

劳动力以数量换质量，实现高质量发展。老龄化前期劳动年龄人口占比于2010年越过74.5%峰值，绝对数量于2013年越过10亿峰值，总体上进入下降和减少趋势。一些地方出现“民工荒”等劳动力供不应求的现象，劳动力结构性短缺显现。如何应对？实施劳动力以数量换质量方针，走以提高劳动生产率为主的发展道路。

当前，我国人口战略推进到第二步，由以人口数量控制为主向以人口素质全面提升为主转变。从经济发展视角观察，在经历了三四十年以外延式扩大再生产为主的快速发展之后，迎来高质量发展新阶段。高质量发展，关键在增强人力资本积聚。实现从外延式以产出资本为主向高质量发展以人力资本为主转变。两个转变不期而遇，实现经济增长目标，这两个转变可以叠加在一起。

为此，基础是要提升身体素质和健康。深化医疗、卫生、体育等体

制改革，打破医卫优质资源垄断、半垄断体制，发挥市场在资源配置中的决定性作用，重申“发展体育运动，增强人民体质”方针，把提高人民体质放在首位，竞技体育放在第二位。关键是提升智能科教素质，高质量发展重在智能科教素质的全面提升，深化教育、科技体制机制改革。

四、深化养老保障体制改革：提振消费对经济发展的驱动力

老龄消费乏力，倒逼养老保障体制改革。改革开放 40 多年来，经济增长以固定资产投资贡献最大，运用轻车熟路，2010 年贡献率达到 66.3%。此后由于边际投资效益下滑，贡献率也随着下降，2017 年下降到 32.1%。货物和服务出口贡献率正负摆动很大，2017 年回升至 9.1%，为近 10 年来最高值。消费对经济增长的拉动逐渐占据首位，2017 年贡献率达到 58.8%。发展经济学认为：生育率下降、人口老龄化，会引起有效需求不足，消费主导型经济有望延续，一个重要的前提是必须解决好老龄化与消费的矛盾。回归分析表明：以 15~64 岁劳动年龄人口平均消费水平为标准消费人，65 岁及以上老年人口为 0.75。随着老龄化不断加深，拉低消费作用日益凸显。

出路在于深化养老保障体制改革。通过改革，解除老龄后顾之忧，提升老龄消费水平。第一，深化城乡养老保障体制改革。例如，城镇尽快全国统筹，乡村完善新农保体制机制，提高养老标准。第二，建立和完善养老金协同增长机制，起码与 CPI 同步增长。第三，鼓励老龄消费，免征老龄消费税。

积极应对人口老龄化的思考

刘德浩　海南大学政治与公共管理学院教授

积极应对人口老龄化是一个非常重要的主题。世界卫生组织（WHO）2015 年发布了《关于老龄化与健康的全球报告》，报告提供了 2015 年世界各国人口老龄化的程度和 2050 年的预测数据。数据显示，较之欧美国家，目前我国人口老龄化程度较轻；但如果关注未来趋势，到 2050 年，我国人口老龄化程度比美国还要深，成为世界上“最老”的国家之一。总体而言，我国人口老龄化呈现规模大、速度快等特点。与此同时，许多研究显示，2030—2050 年中国人口老龄化会达到“高峰期”。2050 年前后，我国老年人口的总量会达到高峰，之后绝对量可能会下降，但老年赡养率还会持续攀升。因此，我们要抓住应对人口老龄化的“窗口期”，采取有效措施，及时应对、科学应对、综合应对。

一方面，积极应对人口老龄化，需要关注出生率。根据世界银行 2016 年的数据，在世界人口出生率排名最低的 10 个国家/地区中，东亚地区较多，包括韩国、新加坡、中国香港、中国澳门等。一般而言，出生率降下来后，回升的难度非常大。1960—2016 年的数据显示，我国人口出生率一路下降。关于我国总和生育率一直存在争议，有学者认为是 1.8%，有学者认为是 1.6%，但“七普”数据显示，中国 2020 年的总和生育率仅为 1.3%。“两孩政策”之后，我国新生儿的数量经过短暂的增长后持续下降，2020 年更是再创新低，不到 1100 万。因此，我们不仅要进行生育政策的调整，同时要关注生育成本与生育意愿等问题，通过政策“组合拳”，政府、社会、市场、家庭等协同配合，从而推动从增量角度去应对人口老龄化。

另一方面，积极应对人口老龄化，需要重视养老保障体系建设。人口老龄化是一个不可逆转的趋势，也是一个国家社会文明进步的重要标志。面对不断加快的人口老龄化进程，我们需要思考如何让老年人共享经济社会发展成果、实现共同富裕。

老年人的养老保障主要包括经济保障和服务保障。关于经济保障，我国已经建立了覆盖全面的养老保险制度体系，在保障老年人基本生活水平、防止老年贫困方面发挥了积极作用。以城乡居民养老保险为例，目前中央确定的基础养老金水平为 93 元，地方可以在此基础上提高基础养老金水平。即便养老金水平不高，城乡居民养老金制度在缓解老年绝对贫困方面也发挥了极其重要的作用。但我国养老金制度也面临着“一枝独秀”的问题，多层次、多支柱养老金制度体系建设仍然滞后。

与此同时，我国养老服务保障仍然面临着发展不平衡不充分的问题。随着人口老龄化程度的不断加深，失能率不断提高，尤其是高龄老人的失能率是非常高的。2021 年的调查数据显示，85 岁及以上的老年人失能率在 50%以上，而且人口高龄化将逐渐成为一个趋势，这就对我国养老服务体系建设提出了非常大的挑战。

在养老服务体系建设中，我认为要做到“三个坚持”：一是坚持家庭养老和社会养老的结合。虽然受家庭结构变化等因素的影响，家庭在养老中的作用逐渐降低，但家庭养老仍然是最重要的养老方式。对欧洲部分国家养老服务体系演变的研究显示，即便是在瑞典等高福利国家，其总体趋势也是家庭在养老中的作用不断提高，并辅之以家庭支持政策为非正式照护者提供保障。因此，通过构建“任务分工模式”（task-specificity model），在社会养老和家庭养老之间实现照护责任的“功能区分”，即由家庭主要提供强度较小、非专业化、零散的日常生活照料，而专业化的、强度大的照护责任由专业机构提供。二是处理好政府、市场、家庭、社会等的关系。三是解决好分层分类保障的问题，满足老年人兜底性保障、普惠性保障、个性化服务等的多样化需求。

在养老服务体系发展过程中，还有很多具体问题需要关注。首先，要大力发展社区居家养老。目前，各地积极推进社区日间照料服务中心的建设，但其功能到底是什么，需要反思。调研发现，许多日间照料中心其功能主要体现为老年人文化娱乐的场所，这对于老年人精神保障非常重要，但社区日间照料服务中心的基本功能却未能得到有效发挥。其次，机构养老要提质增效。调研显示，目前许多机构一方面入住率非常低；另一方面入住的失能老人占比偏低，机构养老的作用到底如何发挥？再次，积极推进医养结合。但在医养结合发展过程中，要注意思考“医”和“养”的关系如何协同，千万不要把医养结合中的“医”变成治疗服务，否则就违背了医养结合的目标和初衷。最后，激发老年人养老服务需求。要稳步推进长期护理保险制度建设，构建多层次长期照护保障体系，以有效释放老年人的养老服务需求。

解决“一老一小”问题，实现共同富裕

李　实　浙江大学文科资深教授

应对老龄化、少子化，首先要解决“一老一小”的问题。解决“一老一小”的问题，要放在实现共同富裕的大框架下讨论。主要问题包括：第一，怎么理解老龄化背景下实现共同富裕的问题；第二，应该看到解决“一老”的问题，实际上和实现共同富裕的问题是密切相关的，所以在解决“一老”的问题上，确实存在很大的难度，也面临很多的挑战；第三，应对老龄化包括少子化，也要解决“一小”的问题。即使在老龄化的情况下，实际上也提出“一小”的问题。

一、老龄化中的共同富裕问题

实现共同富裕，一方面要实现富裕；另一方面要实现共享。“共享”加“富裕”构成了共同富裕最核心的两个方面。从这个意义上来说，共同富裕是全体人民的富裕，而且要包括老年人和儿童的富裕。共同富裕也不是均等富裕，不是财富的平均主义分配，是有差别的富裕。

实现共同富裕，要考虑一个长期机制。具体来讲，是以人的发展为中心的再分配机制。社会政策应更多地从人的生命周期的角度考虑问题。从一个人的生命周期的角度看，一个人从出生到老去，大概有以下三个阶段：第一个阶段是进入劳动力市场之前的阶段；第二个阶段是进入劳动力市场的阶段；第三个阶段是退出劳动力市场的阶段。这样就构成了“一老一小”，实际上是人的生命周期的两头，这两头需要更多的公共服务，包括教育问题、养老服务问题。

从共同富裕来看，老龄化可能带来更大的一个挑战就是需要把更多的公共资源用于老年人的养老服务。从长期来看，老龄化需要一个长期的战略部署，就是要解决“一小”的问题。为什么这样讲？因为存在少子化的挑战。老年人越来越多，年轻人越来越少，在这种情况下，如果要有足够的资源支撑养老服务，那么需要什么？需要充足的、高质量的劳动力，需要更高的劳动生产率，需要创造出更多的社会资源支撑养老。从这个角度说，解决未来的养老问题是解决现在的儿童的发展问题，从这样一个大的长期的过程来考虑养老和儿童发展之间的关系。

二、解决“一老”问题的主要难题在农村老年贫困问题

解决“一老”的问题确实存在很多难题，农村的老年人贫困是一个比较突出的问题。中国在脱贫方面取得了很大的成绩，绝对贫困发生率在不断下降，但是农村相对贫困的问题仍然较为突出。从 21 世纪初到 2018 年，农村人口相对贫困率处于上升的过程。并且，农村老年人贫困发生率要高于一般人群的贫困发生率，也是处在上升的过程当中，特别是 2002 年到 2013 年农村老年人相对贫困发生率有一个较大幅度的提高，即使到 2018 年相对 2013 年有所下降，但仍然高于 2002 年的相对贫困发生率。

城乡老年人养老待遇的差别较大。一方面，农村老年人中有许多相对贫困的人口；另一方面，城乡养老待遇的差异性非常大。相对城市来

说，农村的养老待遇差别水平要低得多。利用我们 2013 年的调查数据，城市居民要比农村居民养老待遇高出 7 倍，城市职工养老待遇要比农村居民养老待遇高出 24 倍，城市机关事业单位养老人员待遇要比农村居民养老待遇高出 36 倍。这样和实现共同富裕的要求相差很远。即使是城市内部养老待遇的差别也是非常大的，2002 年以来城市养老金待遇的基尼系数，2002 年是 0.42，2013 年是 0.46，2018 年是 0.52。从共同富裕的角度来说这都是很大的问题。

三、应对老龄化要解决“一小”问题

解决现在的“一小”问题是为了解决未来的“一老”问题。老年人口的增加需要更多的社会资源用于养老，在这种情况下必须有更高的劳动生产率。更高的劳动生产率从哪儿来？这就要使儿童能够接受更好的教育，能够形成更高的发展能力，这是最重要的。从共同富裕的角度来看，“一小”的问题主要是教育资源分配不平衡，造成受教育机会不公平。不同省份在幼儿园的教育支出和普通小学的教育支出上生均教育经费的差别较大，经济比较好的省份（比如东部省份）或者一些大城市的生均教育支出要比一些落后的省份高出 3~5 倍，差别比较大。不光是幼儿园有这个问题，小学的生均教育资源配置差别也非常大。

儿童的相对贫困问题和老年的相对贫困问题一样，也高于整个人口的贫困发生率。不论是在城市还是农村，儿童贫困发生率都是高于成年人的，而且儿童的相对贫困发生率也是不断上升的，2013 年的水平高于 2002 年，2018 年的水平也高于 2012 年。在这种情况下，不仅要解决“一老”的问题，还要解决“一小”的问题，这也是实现共同富裕最艰巨的任务。

四、政策建议：实现全生命周期的公共服务均等化

在人的生命周期“两头”享受均等公共服务，即前劳动力市场阶段和后劳动力市场阶段，这两头对公共服务的要求非常高，而且要求公共服务更加均等化。

一是解决养老的问题。养老的问题，特别是农村老年人的养老问题，是整个养老中所面临的最大的挑战。农村老年人问题反映的是整个社会整体发展不平衡的问题。农村老年人的问题实际上和户籍制度密切相关。老年人不是不想到城市去住，老年人是想到城市去住，但是没有条件。他们的子女到城市打工，没有条件。首先是住房问题，到了城市怎么能在城市买到自己的房子？租房房租很贵，单位提供的宿舍一般不适合家庭居住。在这种情况下，一方面是提高老年人的生活水平；另一方面是缩小城乡老年人养老待遇差距。这就需要养老制度一体化，需要设计新的一体化的养老制度。养老服务均等化最重要的是缩小城乡之间的差别。如果只考虑农村老年人在农村养老，可能会带来巨大的社会成本。与其这样，不如让老年人到城市养老。这样农村的人口转移就不仅仅是一个劳动力转移的问题，而要把“一老一小”都从农村转移出来。养老服务供给越是集中成本越低，越有可能提高养老服务的质量。另外，要给家庭养老和社会养老提供更好的条件，如果农民工把他们的父母都带出来的话，整个社会的养老成本要低得多。

二是解决好“一小”的问题。重点是两个人群，一个人群是0~3岁学龄前儿童幼有所育的问题，还有一个是4~6岁儿童的学前教育问题。我国和发达国家的差距在于儿童的早期发展问题。这涉及社会将来的发展问题，涉及养老的问题。所以，从现在开始就应该把幼有所育的问题

放在实现共同富裕框架下考虑。一方面，要提高养育水平；另一方面，要缩小区域差距、城乡差距、人群差距。同时，要解决好“学有所教”的问题。目前我国还是九年义务教育，已经有条件实现十二年义务教育，实行免费的高中和职高教育，同时降低高等教育的收费标准。

三是实现人力资本均等投资化。为什么要强调这个问题？随着居民生活水平的提高，对子女教育问题特别重视，特别是东亚地区，像中国、韩国、日本都特别重视子女的教育，子女教育在一定程度上是人力资本形成的过程。人力资本的形成过程，投资来自两方面，一方面是私人投资即家庭投资；另一方面是公共投资。私人投资和公共投资之间在一定程度上有互补性，也有替代性。从人力资本投资均等化的角度来说，更重要的是实现人力资本公共投资均等化。比如，北欧一些国家在人力资本公共投资上均等化程度很高。城乡之间、区域之间学校的教育质量差别非常小。在这种情况下，人力资本的私人投资在一定程度上反而效率并不是很高，这样的话人力资本的公共投资就会取代私人投资。如果能在人力资本公共投资均等化上坚持下来，将来人与人之间的发展能力会进一步缩小，包括城乡之间、区域之间、不同收入家庭的孩子之间，发展能力的差别将不断缩小，从而为走向共同富裕奠定最坚实的基础。

中国高龄少子化应对思路

金维刚　中国社会保障学会副会长、浙江大学国家制度研究院教授

我国正在进入人口老龄化加速的阶段，特别是 2021 年 5 月份公布的中国的第七次人口普查的数据，表明到 2020 年我国 60 岁及以上的老年人口所占的比例达到 18.7%，按照国际标准 65 岁以上的人口数量也达到了 13.5%。从今后的发展趋势来看，这个是不断加速的。从高龄化来讲，2020 年我国 80 岁以上的老龄人口已经达到 2930 多万人，到 21 世纪中叶将达到老龄化的高峰期，60 岁及以上人口占比较大。

同时，劳动年龄人口在不断下降，从 2012 年起，我国已进入劳动年龄人口逐年下降状态，并且会在今后 5 年内持续减少。我们现在已陷入低生育陷阱状态，这一状况已持续超过 10 年。2020 年我们的生育率还是在国际标准以下，总和生育率低于 1.3%，在 2019 年是 1.05%。

针对少子化问题，政府也在采取政策调整，但前期政策主要是在计划生育政策方面。我国在 2013 年开始对夫妻有一方是独生子女的家庭允许生二胎，但效果并不是很显著，而且生育率低的状况没有得到明显改善。2015 年国家又出台新政策，全面放开二胎，但这个政策实施以后，2016 年调查发现对于改善生育率没有显著作用。2021 年 5 月，中央又进一步做出决定，允许生三胎。但从前期来看，这种调整对改善生育率的作用是很有限的，因为从国际上来讲，生育政策在调整生育率方面的作

用本身受到社会因素的制约，并不是放开生育率就会明显提高。

应对高龄少子化需要采取以下社会政策。

第一，从教育的角度增强教育的公益性。虽然中国也实行义务教育方面的政策，如九年义务教育，但从现实来看，国家前一段时间取消课外辅导班，就是因为传统的教育体制之外存在大量的校外辅导，这方面的教育成本非常高，基本上大多数家长和学生都不由自主地被卷入其中；高中阶段不属于真正传统义务教育，这方面费用也相对较高；包括进入大学，都是收费教育。所以我们需要提高教育的公益性。

第二，住房制度的改革。住房消费已经成为中国居民，特别是城镇居民最大的消费支出。中国这样的房价和工薪阶层的收入比例严重失衡的问题导致家庭的经济负担过重。孩子生多了，作为父母来讲，将来为孩子买房的压力太大，这是一个很大的问题。所以，中国的住房制度改革现在应该朝着租售并举、将来应该朝着以公租房为主体发展，完全货币化市场化的住房制度对一般工薪家庭来讲会影响他们养育的成本。

第三，对女性就业权益的保护。在有些地方的就业市场还是存在一定的性别歧视。特别是对于生育期的妇女，一些用人单位还是有一些消极的做法会影响女性就业。

第四，要建立家庭的生育补贴制度。我们可以效仿很多其他国家为了提高生育率给生育家庭提供补助。

第五，对于目前的婚姻稳定性，政府应当采取一些必要的措施，包括一些社会组织。因为近年来离婚率不断上升，婚姻不稳定也会导致夫妻生育意愿受到相应的影响。

所以在处理少子化问题方面，我们需要采取综合治理的方式，需要制定一系列相关的配套社会政策，营造一个有利于提高生育率的良好的社会环境。

中日韩三国在老龄化社会方面的合作进展

欧渤芊　中日韩合作秘书处秘书长

一、中日韩老龄化现状

中日韩三国都面临着老龄化加剧的问题。一方面，随着三国经济持续发展，医疗和医护水平的不断提升，三国人口平均寿命持续增长。根据中日韩合作秘书处的数据统计，中日韩三国人口在2019年平均寿命分别达到76.9、84.4和83.2岁；2020年，三国国内65岁以上老年人口占总人口比例分别约为13.5%、28.7%以及15.7%。很显然，日本已经成为世界老年人口比例最高的国家，但中、韩两国同样面临着越来越突出的人口老龄化问题。随着三国国内65岁以上人口数量的显著增加，政府在医疗服务和长期护理方面的支出急剧上升，给三国经济社会发展带来严峻挑战。另一方面，老龄化社会进程加剧也使得三国低出生率的问题更为突出。2020年，中日韩三国总和生育率分别为1.3%、1.4%和0.84%。人口学界将总和生育率2.1%作为世代更替水平，将总和生育率低于2.1%视为低生育率的门槛。虽然韩国面临的问题更加突出，但三国低生育率的现状也已经成为不可忽视的难题。可以说，低生育率和老龄化问题的叠加，使得三国经济和社会面临着异常艰巨的共同挑战，也使得三国加强该领域的务实合作尤为迫切和必要。

二、中日韩老龄化相关合作

老龄化社会相关议题一直是中日韩卫生和健康合作的重要领域。2007 年，三国间建立了中日韩卫生部长会议机制，来沟通和探讨三国卫生和健康领域的务实合作。近年来，人口老龄化相关议题已成为三国卫生部门聚焦的主要领域之一。2019 年底举行的第八次中日韩领导人会议发布了《中日韩积极健康老龄化合作联合宣言》，明确了“积极健康老龄化”的重要意义，并提高其战略地位，通过多部门协同应对人口老龄化，提升医疗卫生和长期护理服务以及老年人生活自主权，并鼓励三国间开展政策对话和经验交流等。

2020 年底，第 13 届中日韩卫生部长视频会议通过的联合宣言中，也进一步明确了三国间加强在人口老龄化方面的信息共享、经验交流、人员培训以及项目合作等。2021 年，三国举办第 9 届中日韩人口政策论坛，为三国该领域的专家学者提供了持续沟通交流、互学互鉴以及经验推广的重要平台。

三、秘书处角色

中日韩合作秘书处是三国政府在 2011 年 9 月成立的国际组织，旨在促进三国间的和平与共同繁荣。2021 年是秘书处成立十周年。在过去的 10 年间，秘书处积极参与和支持三国政府及民间的交流与合作机制，涉及政治、安全、经贸、环保、可持续发展、卫生健康、人文交流、地方政府合作等不同领域。目前，秘书处参与并支持三国间 21 个部长级会议机制中的16个，为三国不同领域的交流与合作作出了积极贡献。秘书处所取得的成绩，受到三国领导人的一致认可。

在卫生健康领域，秘书处与三国卫生部门保持密切沟通与合作，持续参与中日韩卫生部长会议，并举办相关项目落实三国卫生领域的合作成果。老龄化社会这个议题关系着中日韩未来的持续繁荣，三国在此领域加强合作尤为必要。

2021年6月，秘书处在线举办了主题为“商业创新助力积极老龄化社会：化挑战为机遇”的2021年中日韩企业家论坛。会聚了三国老龄化问题专家和养老保健领域的企业家，就后疫情时代市场和企业在应对老龄化社会方面的角色和作用、中日韩商业创新模式等进行了深入交流和有益探讨。三国专家分别就本国健康养老产业发展趋势进行了分析，并重点通过商业创新和不同市场角色相互协作的案例介绍了公、私营部门解决老龄化问题的多种模式。与会嘉宾还就“银发经济”等养老产业发展面临的政策限制、提升老年人群体数字技术运用能力、养老产业潜在商机等进行了互动交流。中日韩企业家代表分别介绍了各自独特的老龄化问题解决方案和商业运作案例，包括中方养老院、社区和家庭“三位一体”的护理模式和以大数据为支撑的“连锁医疗”方案；日方针对老年认知症患者的商业住宅模式和预测如厕时间的可穿戴设备开发；韩方“创造共同价值”管理模式和针对压力疏解、预防老年认知症的数字化护理服务等。各方还就老年产业的科技应用、数字产品的同质化、人性化的产品设计和服务等进行了探讨。

第三篇

老有所养——养老服务体系的托底建设

老龄化趋势与老龄社会服务体系构建

田雪原 中国社会科学院学部委员

一、中国人口老龄化趋势

关于中国人口老龄化及其变动发展趋势，可能大家的意见大同小异，也有可能存在一些分歧。我认为，既要看到老龄化的走势、严峻的形势，也要准确地意识到，不到位和越位都是不可取的。

关于中国老龄化趋势，我概括为三个特点。图 1 为年龄结构的走势，人口年龄结构金字塔变化能给出明确的答案。2000 年的人口年龄金字塔结构，上面是塔尖部分的老年人口，最下面是未成年人口，金字塔状还比较明显。如果说 2000 年好像一棵松树，那么 2020 年，这棵松树已经直立起来。可见，两张金字塔图像变化是非常显著的，具有明显的特点。

一是老龄化速度比较快、达到的水平比较高。比如，老年人口占比从 7%上升到 17%，中国大概要用 30 年，世界要用 55 年，发达国家要用 65 年，发展中国家大约要用 50 年。当然也有例外，法国最先进入老龄化，但它占比达到 17%用了 100 年。日本和我国一样需要用 30 年，老龄化水平比较高。现在可以预见到，2050 年 65 岁以上老龄人口占比为：中国 23.1%，世界 16.2%，发展中国家 14.6%，发达国家 26.2%。中国

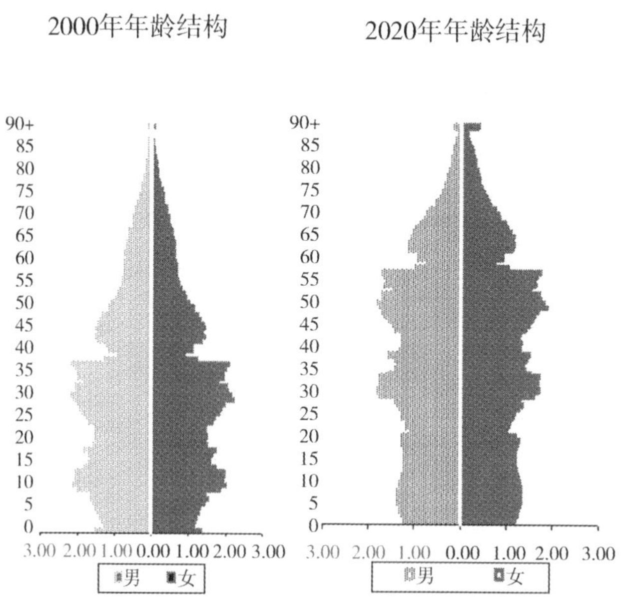

图 1　2000 年和 2020 年年龄结构走势

比发达国家略低一点儿，但比其他国家高。

二是老龄化呈阶段性推进，具有累进增长性质。从 2000 年到 2050 年半个世纪，大概分为三个阶段：第一阶段是 2000—2020 年，年平均升高 0.25 个百分点，处于起步较快阶段。第二阶段是 2020—2040 年，年平均升高 0.5 个百分点，为老龄化升高最快阶段。第三阶段是 2040—2050 年，年平均升高仅为 0.11 个百分点，呈强弩之末态势。

三是老龄化城乡分布不平衡、地区分布不平衡。一般讲老龄化的原因，主要是出生率下降、预期寿命延长这两个因素。城乡分布不平衡，由高至低排序为县（农村）—市—镇。为什么这样分布？主要是存在约 2.7 亿流动人口，形成以青壮年为主体的流动人口大军，而且主要由农村流向城市。地区分布不平衡，老龄化地区分布由高至低排序，原来为东部—中部—西部。进入 21 世纪以后，则出现中部和西部趋同、合二为一趋势，因而老龄化地区分布不平衡，又有由原来的东、中、西三大板块变成东部与中西部两大板块的趋势。

我要解释一下有些人不大理解的问题：为什么中国人口老龄化具有累进增长、阶段性推进的特点？为什么 2020—2040 年，年平均升高 0.5 个百分点，增速最快？这是过去人口年龄结构堆积的结果。老龄人口从哪里来？来自过去的青壮年，青壮年又来自儿童、婴儿。现在 60 岁以上人口，来自 60 年以前出生的人口；现在 65 岁以上的人口，来自 65 年以前出生的人口。同样，2040 年 60 岁以上人口来自 1980 年以前出生的人口，65 岁以上人口来自 1975 年以前出生的人口。即以 65 岁以上为老年人口标准，2020—2040 年老年人口绝对数量，取决于 1955—1975 年出生人口。其间的人口变动情况是：1953—1957 年为一次小的生育高潮。1958—1961 年为一次小的生育低潮。最突出的是 1962—1973 年最大的一次生育高潮，累计出生人口 3.2 亿，现今尚在的人口约 2.9 亿，形成人口年龄结构金字塔异常庞大的部分。这部分人口每年长一岁，走到哪里中国人口问题就突出地表现在哪里。2020—2040 年他们过渡到老年人口，不可避免地将形成老年人口群体的大幅膨胀，将老龄问题推向高潮。

二、老龄社会服务体系构建

老龄社会服务体系，是指社会服务于老年人口生存和发展的支持系统。目前，我国这一体系由三部分组成：居家式老龄服务、社区老龄服务和国家层面的社会老龄服务。在改革开放和现代化建设不断发展的形势下，存在的问题仍然很多，必须进行改革创新。主要包括以下内容：

第一，居家老龄服务功能弱化。过去中国讲养儿防老，如今可能多数都不行。老年人也不靠儿子来养了，市场经济条件下，商品价值规律冲击着人们的感情。

第二，社区老龄服务严重滞后。跟不上老龄化前进的步伐，社区老龄服务行政化趋势显现。

第三，社会老龄服务形式化严重。服务理念未确立，倾向于行政化的一套管理办法。

第四，居家老龄服务严重缺失。目前，居家养老占比80%以上，是老龄服务的主战场。但实际上存在一些问题，一是严重缺位，“僧多粥少”矛盾突出；二是服务不规范、不到位，亟待改革整合。需要看到，即使《“健康中国2030”规划纲要》百分之百地落实，也不会改变居家养老为主的格局，只是社会养老增加较多而已。因此，建立以居家老龄服务为主的老龄服务体系，加大居家养老服务力度，是老龄服务体系最实际、最根本的大局。社会、社区服务要发展、要加强，但是在老龄服务体系中能够占到怎样的位置，必须做出实事求是的估量。

如何改革？我认为总的思路是：构建以居家老龄服务为主体、社区老龄服务为补充、社会老龄服务为支撑的“三位一体”、协同推进的老龄服务体系，这是改革的方向。以居家老龄服务为主体、社会和社区老龄服务为两翼，实行主体、两翼协同推进的方略。多建一些养老院、老年之家、开展巡回医疗等是需要和必要的。但是，必须明确主要服务的对象在哪里，主战场在哪里。我认为，在居家老龄服务。因为居家养老占到全社会老年人口绝大多数。社会、社区要将主要的财力、物力、人力转移到居家老龄服务上来，这是总的改革方向和目标。

三、如何借鉴国际社会成功经验

改革的目标是构建科学高效的社会老龄服务体系，以适应老龄化加速发展的需要。我们过去常讲“老有所养、老有所医、老有所学、老有所为、老有所乐”，但是不要忘记核心和基础是“老有所养”，服务不能脱离这个核心和基础。需要提高认识，要将社会、社区主要的服务转到以居家老龄服务为主上来，不是一件很容易的事情。既要总结我们自己的经验，也要借鉴国际社会的经验。

日本的文化传统和国情同我们更接近一些，他们的经验更值得我们借鉴。20 世纪 80 年代中后期，笔者主持了一项国家重点项目“中国老年人口调查与养老保障改革研究”。一方面组织全国老年人口抽样调查，另一方面到国外考察调研，主要发达国家均做过相应的学术交流，包括日本等进行合作研究。

日本居家养老服务分为三个层次：第一层次，以护理保险为基础，实行上门服务，费用主要由政府支出，个人只负担 10%。中国包括请保姆在内的上门服务，都是个人行为、费用自付。第二层次，日本对护理人员实行专门培训，合格者凭证书上岗，由专业公司管理。中国家庭自请保姆护理，一般均无专业培训，也无专业公司管理。第三层次，日本老龄居家服务享有 13 项护理福利，包括每年发给 65 岁以上老年人 20 万日元，用于加装扶手、浴缸、桌椅等住宅适老改造。老年人购新的床、桌椅等家具，90%的费用由政府报销，个人负担 10%。依据健康状况对老年人进行护理等级评估，明确每位老年人属于哪个健康等级，处于健康期、带病期还是伤残，有针对性地实行分等级的护理。组织邮递员，水、电、煤气收费员，盒饭配送员等，利用工作之便入户检查居家老年人的健康状况，填写检查报告表，及时准确地掌握居家老年人的健康状况，有无发生意外和风险，形成社会健康检查监护的网络等。这些我国目前都没有，也都可以做到低成本的借鉴。

或许有人要问：日本政府这么多的老龄服务开销，负担得起吗？其实主要部分也是“羊毛出在羊身上”，大头由老龄人口在劳动阶段的缴费、政府和社区组织相应的配套投入积累而成的保险基金支付。三项保险基金是：老年年金即养老金、医疗保险基金、介护保险基金。三项保险基金，用于老年人物质文化生活消费、医疗支出和护理照料支出，实现了全方位养老和服务保障，使得70%以上的老年人口居家颐养天年而无忧。家庭、社区、国家社会三个层面均承担了相应的责任，组成完整的养老服务体系，提供了有价值的经验。

中国居家养老占比高于日本，将社区、国家社会养老服务的重点转移到以居家养老服务为主上来，是解决80%以上老龄服务和构建科学完整老龄服务体系的关键。日本人口不到我国的十分之一，老年人口占比高出中国约15个百分点，他们能够做到，我们更应该做到。只要明确以居家老龄服务为主的方向，坚持不懈地推进改革，将社区、社会老龄服务的重点逐步转移到以居家服务为主上来，也是完全可以做到的。

构建应对人口少子化的社会政策体系

金维刚　中国社会保障学会副会长、浙江大学国家制度研究院教授

围绕如何构建应对人口少子化的社会政策体系，我主要从以下四个方面进行分析：第一，完善养老保障体系的对策措施；第二，加紧建立长期护理保险制度；第三，大力扶持发展老年服务产业；第四，提高生育率，防止形成少子化倾向。

一、关于完善养老保障体系的对策措施

第一，要进一步深化职工养老保险制度改革。从我国现在经济的运行情况来看，要非常关注和重视职工养老保险制度的可持续发展问题。现在，很多地方靠财政补助来确保养老金发放。因此，要加快推进基本养老保险全国统筹。但是，全国统筹不可能一步到位。因此，首先，要完善相应的管理机制，特别是在筹资机制方面，需要尽快构建一个合理的机制。其次，要尽快调整、抓紧落实相关政策，包括尽快推出延迟退休的政策，提高养老保险最低缴费年限，调整有关养老金计发的办法，以及有关遗属待遇、病残津贴等。再次，要加强基金的预算管理，尤其在实现统筹以后，基金的预算管理是非常重要的。最后，要改进有关年金计发待遇的办法来解决长寿风险问题，因为这方面的问题也在逐步

显现。

第二，关于城乡居民养老保险制度问题。由政府支付，其实就是老年性的补助，另外，个人养老金本身不具有社会的普及性，所以这一制度本身不具有保险的属性，实际上它是国际上一般的“零资助”和“第三项”资助的混合体。这个制度运行到现在，需要采取相关的措施，进行必要的改革：一是提高缴费的档次，当前的缴费档次太低，绝大部分的人都选择最低档的缴费，这是一个非常突出的问题；二是如何通过政策来引导长缴、多缴；三是结合农村改革特别是农业土地流转方面的政策，促进农村经济发展，加大缴费形成来源渠道，现在这方面是不足的；另外是个人记账、养老金的调整、基金投资运营等方面都需要采取相应必要的措施。

第三，要推进多层次养老保障体系建设。企业年金经过十几年的发展，其参加人数与基本养老保险相比一直没有突破 7%，也就是说 93% 以上的人没有补充的保险。我们需要加快采取措施来推进企业年金的发展。我认为，实现全国统筹之后，可以适当调整基本养老保险费率；调整的时候，应当为推进企业年金的发展推出一些政策，打组合拳。这里存在一个重要的时间窗口期，如果错过这个窗口期，很难再有机遇了。要进一步提高税收优惠政策，改变现在企业年金管理的政策。在企业年金方面，我们完全采取过去自愿性的方式很难改变现在的格局。要大力发展企业年金集合计划，主要是吸引一些中小微企业加入企业年金集合计划；要改善目前的考核办法，现在的考核办法对投资机构和管理机构都不太合适，有时候企业采取末位淘汰制，要求投资机构必须正受益，这并不符合养老金作为一项长期投资的基本特点。

二、加紧建立长期护理保险制度

我国有4000万~5000万的失能、半失能人员，数量非常庞大，其中包括2000多万80岁以上的失能老年人。因此，对于中国来讲，建立长期护理保险并不是建不建的问题，而是如何建的问题。

从长期护理保险制度试点的情况来看，2020年，我国试点城市的数量已经从过去的15个城市又增加14个，达到29个。但是从试点城市的情况来看，存在比较突出的问题是缺乏独立的筹资机制、个人责任不明确（很多试点地区不缴费）、政府责任不明确（多数地方政府财政没有投入）、缺乏统一的支付标准和办法。建立长期护理保险，关键在于建立独立的筹资机制。另外，合理界定长期照护保险的保障范围，强调个人责任，而且政府应当相应投入并制定有关的国家标准。

三、大力扶持发展老年服务产业

我国的老年服务需求非常大，需要大量建设面向老年群体需求的机构。当然，投资可以多元化，但是需要政府引导。从我们未来的养老模式来看，居家养老是主流，所以需要加大社区养老公共服务，包括专业养老机构实行的上门服务等专业服务，另外也要加强相关的专业培训。

四、提高生育率，防止形成少子化倾向

首先，要建立国家鼓励生育的补贴制度。我国计划生育时期对于超生有严厉的处罚，如今鼓励生育政府应当予以奖励，所以应当实行这方

面的补助补贴制度。其次，要降低子女养育负担。一是要进行住房改革，从过度市场化、商品化的住房，要逐步向主要以公租房为主的模式转变。另外，要深化教育制度改革，防止教育的产业化倾向、过度市场化倾向；建议把九年义务教育改为十二年，一直到高中期间都应当实行全民义务教育；对困难的家庭给予补助。最后，加强女性就业权益保护，特别是加强对育龄妇女就业歧视行为的处罚力度，完善生育保险制度，提高生育津贴，适当增加产假，包括实行妇女的阶段性就业等。

关于拓展、完善社区居家养老服务体系的思考

苏海南　中国劳动学会特约研究员

家庭养老、社会机构养老和社区居家养老是我国城市目前存在的三种基本养老模式。其中，家庭养老模式在“四二一结构”（四位老年人，两位中青年和一个小孩）家庭成为城市社会主流以及社会竞争加剧、生活节奏加快的背景下，已越来越难以保持并发挥其社会功能与作用，日渐式微；社会机构养老模式由于其建设和运营成本太大、建设周期长和老年人入住费用高，也难以成为养老主流模式；只有社区居家养老模式随着社区养老服务机构的设置建设以及各种商业性养老服务便捷性的提高，已经成为我国城市养老的主流模式。

当前，我国老龄化发展很快，根据全国第七次人口普查数据，2020年11月，我国65岁及以上人口占比已达13.50%，共1.9亿人，接近占比14%的深度老龄化。这一形势发展迫切需要充分发挥社区居家养老主流模式的作用来应对。我认为，可在以下七个方面拓展、完善社区养老服务体系，从而更好发挥其作用。

一、拓展社区居家养老服务体系

一般而言，社区居家养老服务体系是指以社区为依托，以居家老年

人为对象，由社区养老机构或相关组织和各种养老服务单位为老年人提供全方位服务支持的有机整体。拓展该服务体系，一是拓展其区域范围，即社区可大可小，居家养老者所依托的社区可以与其本人住房所在的居委会或其他行政管理机构的管辖范围相一致，也可不一致；淡化社区行政或准行政管辖范围与社区的边界，只要居家养老者方便享受所需要的养老服务，即可视同为其养老所依托的社区。二是拓展养老服务项目及其内容，对生活照料、医疗保健、文化教育、心理咨询、法律维权等服务，可根据老年人的不同需求进一步细分其具体服务内容；与此同时，还可创新拓展养老服务项目，如适合老年人的体育健身项目、旅游娱乐项目、志愿服务项目、应急救援服务项目等，并细化充实其具体服务内容，以更好地满足老年人的不同养老服务需求。三是拓展养老服务具体模式，目前大连市、武汉市、哈尔滨市、湘潭市等多个城市分别探索试行了“嵌入式”养老服务模式、“互助型”养老模式、“三位一体”社区养老服务模式、“时间储蓄”契约模式等，还可根据需要创新其他模式。总之，只要符合“三个有利于”原则，即有利于满足社区居家老年人养老服务需求，有利于养老者与养老服务提供者双方自愿建立融洽互利关系，有利于提高社区居家养老服务的性价比，就可努力去拓展其区域范围、服务项目及其内容以及养老服务具体模式。

二、建立健全社区居家养老服务网络平台并充分发挥其作用

网络平台可采取“官民共建”、“多套并用”的方式建设和使用。一是借用或扩充社区行政管理部门、社区养老服务管理机构已有的网络平台，收集整理社区居家养老人员的基本信息和养老服务资源，包括政府、养老服务管理机构、企事业单位、社会团体、个体商户、慈善组织、志

愿组织、居民自治组织等的信息，以便于掌握各方面情况，整合养老服务资源，发布提供相关养老服务信息并实施管理。二是借用或整合社区养老服务单位网络平台，收集整理养老服务资源信息和居家养老者基本信息，在双方之间建立网络联系，以便于双方根据需要随时联络达成养老服务意向，增强服务的可及性。三是由养老服务管理机构、养老服务单位和养老服务志愿者以及活动能力强、朋友多的养老者，分别建立微信群，将相关管理者、服务者、养老者的信息整合到微信群里，以既方便三者之间的联络，增强管理和服务的可及性、便捷性，又增强养老者的归属感，在一个比较熟悉的群体内获取养老服务信息和心理慰藉。总之，通过上述网络平台的建设和使用，能够促进社区居家养老服务从分散型、延迟性、个体化向集中型、便捷性、群体化方向转变。

三、优化社区居家养老服务供给

近年来，成都、重庆、上海、杭州等一些城市组织推动优化社区养老服务供给，创新了诸多方式方法，值得其他城市学习借鉴。这些方式方法的核心内容，一是坚持需求导向，根据老年人需求拓展、充实多种养老服务供给，包括助餐、助急、助医、助行、助浴、助洁、家政等服务；二是坚持服务的便捷性，如打造 15 分钟“养老服务圈”，尽可能就近就便提供养老服务；三是坚持因地制宜，从本地区、本社区实际出发，优化养老服务供给。比如本社区无服务机构的，可组织联系借力外部养老服务机构或付费商业性服务机构向本社区居家老年人提供养老服务，供给不求高大上，只求实际可行和养老服务有实效。

四、抓好社区重点老年对象的特殊养老服务

重点老年对象指重病、伤残、高龄等失能老人，他们完全或部分丧失吃饭、穿衣、洗漱、如厕、行走等自理能力，需要有专人在家提供相关直接照护，这应是社区居家养老服务的重点对象。为了保障这批老年人有尊严的生活，社区居委会和养老服务机构应对这类老人建立专档和联系制度，通过到家探访、电话联系其本人或子女，了解其养老服务需求和对已提供服务的满意程度；为其联系和替换相关服务机构或商业单位；帮助其解决可能面临的服务难题或费用困难。总之，应切实保障本社区重点老年对象的特殊养老服务不出现大问题。

五、从实际出发健全社区养老服务机构、设备

一方面，各地及其社区应从实际出发健全社区养老服务机构，有条件的，可新建社区养老服务中心、养老院、托老所等；无资金和建设用地的，可借用当地机关事业单位收回的出租房或废弃的旧房屋设立养老服务中心、养老院、托老所等，培养其逐步形成综合化、专业化、连锁化、品牌化社区养老服务能力，为就地就近开展养老上门服务或日托等提供机构支撑。另一方面，要结合实际健全养老服务设备，包括健全养老服务机构的各种设备，组织对老年人居家设备进行适老化改造，居住小区进行适老化改造等，其所需资金可采取“政府补一点、社会捐一点、个人掏一点”等创新模式筹集。通过上述工作提升社区居家养老的舒适度、满意度。

六、依托社区养老管理和服务机构及其网络助推养老产业发展

养老产业包括老年疗养、老年用品、老年服务、养老地产、老年文化、老年出行、老年餐饮等多个领域，有很大发展潜力。依托社区养老服务管理和服务机构及其网络平台，可以助推养老产业的发展。一是可由社区养老服务机构通过家访或本社区网络平台，了解收集本社区居家养老者关于养老产业各方面的需求，为养老产业的发展提供市场信息引导，助推养老产业的各类企业据此生产、创造相关商品和提供相关服务；二是社区养老服务机构特别是管理机构，应对来社区提供养老产业相关产品和劳务的商家进行资质审查，对其产品和劳务的质量、价格等组织简单评估，及时发现问题，防止假冒伪劣，以维护本社区居家养老者这一特殊消费者群体的权益，保证其购买相关产品或服务的数量和质量；三是社区养老管理和服务机构需新建或健全养老院等设施并添置相关设备的，可编制建筑或设备招标方案，组织养老产业企业竞标，对中标企业直接购买其设施建设成果和设备，这也可助推养老产业发展；四是社区养老管理和服务机构基于自身定位和从事的工作，能够为养老产业制定发展规划、建立行业标准、改进提升服务水平等提供意见和建议。概括而言，社区养老管理和服务机构是养老产业买卖双方的信息传递者，是商家提供养老服务性价比的监督和评估者，是社区养老服务机构建设和设备的直接购买者，是养老产业发展的建议者，依托其可很好助推养老产业的健康、可持续发展。

七、将城市社区居家养老服务模式向农村延伸

目前，我国一些地方已经采取这样的方式，并取得了不错的成绩。推动社区居家养老服务模式向农村延伸：一是有此现实需要。近年来，许多农村因青壮年大都外出打工，村里只剩老年人和儿童，老龄化占比可能比不少城市社区还高许多，亟须推行农村社区居家养老模式来应对。二是农村逐渐具备越来越多的实施条件。已实行了十多年的社会主义新农村建设，主要是其中的新农村社会建设特别是农村医疗卫生体系建设和建立、完善农村社会保障制度，为老有所养和实行农村社区居家养老提供了有力支持；近年来，一些地方的试点更是取得了明显成效。如江西省新余市坚持以“党建+”为统领，实施老人舒心、子女安心、党群连心的幸福工程，全面推行农村颐养之家建设，成为民政部推广的典型。其内容主要有在老人相对集中的自然村建颐养之家，在老人相对分散的自然村设置若干个小型活动点；开展贴心管理立“家规”，坚持入“家”自愿、退出自由，多措并举筹“家资”，精细服务保“家安”等；正在形成以“一县一中心、一乡一阵地、一村一场所”为支撑的农村养老服务格局。江西能够做到，其他地方也应该能够做到。

对中国社会养老服务体系建设的思考

林　宝　中国社会科学院人口与劳动经济研究所养老与保障研究室主任

中国即将进入中度老龄化社会。根据第七次人口普查结果，2020 年我国 60 岁及以上人口为 26402 万人，占总人口的 18.70%，其中，65 岁及以上人口为 19064 万人，占总人口的 13.50%。人口老龄化快速发展带来了养老服务需求激增，建设社会养老服务体系的紧迫性进一步加剧。

从中央层面来看，对建设社会养老服务体系非常重视。2019 年 10 月，党的十九届四中全会通过的《中共中央关于坚持和完善中国特色社会主义制度 推进国家治理体系和治理能力现代化若干重大问题的决定》明确提出“积极应对人口老龄化，加快建设居家社区机构相协调、医养康养相结合的养老服务体系”。2020 年 10 月，党的十九届五中全会通过的《中共中央关于制定国民经济和社会发展第十四个五年规划和二〇三五年远景目标的建议》提出“实施积极应对人口老龄化国家战略”，再次强调“构建居家社区机构相协调、医养康养相结合的养老服务体系”。这两次会议比较明显的变化是改变了关于养老服务体系建设目标的表述。

在此之前的文件都是居家、社区、机构分开说，通常表述为“居家为基础，社区为依托，机构为补充”，后来加上医养相结合，这两次会议上把康养也加进去了，说明我们对整个养老服务体系建设的认识在不断深入。

一、社会养老服务体系建设的核心问题

怎么建设养老服务体系？我们可以看到，整个社会服务体系建设中各种问题纷繁复杂。如果我们简化一下，其实最核心的问题有两个：在供给侧，我们实际上要解决服务供给的问题；在需求侧则是费用分担的问题。

就供给侧来说，需要回答这样几个问题。

一是谁来供给？这就涉及我们怎么定位政府的责任，因为在现代体制下不可能像传统的情况下完全由家庭来承担养老服务供给的责任，所以存在政府怎么划分它的责任问题。当然，养老服务不可能由政府包办，必然需要动员社会力量参与，这又会产生一个市场准入的问题。

二是供给什么样的服务？这涉及服务的定位问题，毫无疑问，老年人的需求是多层次的，所以整个养老服务体系应该是一个多层次的养老服务体系。但是作为政府来说，实际上是有重点的，那就是政府到底要保障什么？一般而言，政府保障最基本的服务，这其中存在一个基本养老服务的问题，要保障最基本的刚性需求服务是哪些，必须有明确的界定。根据政府职能和整个社会经济发展的状况与老年人的需求，必须对基本养老服务有明确界定。

三是供给方式是什么？比如，政府在履行服务供给责任的时候到底是用直接的方式还是间接的方式，涉及其他的主体也涉及供给方式的问题，采用什么样的方式？各参与主体需要承担什么样的责任？

需求侧问题的核心是怎样保障老年人的需求得到满足，这就涉及费用负担的问题。传统来说，费用主要是个人、家庭来负担，现在社会转型过程中，政府、社会的机制加入进来，主体就扩大了，这就需要考虑

在整个社会范围内或者政府在中间承担什么样责任的问题。分担的方式上，政府主要是财政政策，包括税收减免等一系列的政策也可以看成跟财政有关的，因为税收也影响财政。社会主要是共济问题，共济主要的机制就是社会保险。商业保险实际上也有共济的机制。当然即便进入现代社会，一般也强调个人还是要承担一部分责任，所以这中间还牵扯到个人自负的问题。所以，从需求侧来看，主要是如何划分政府、社会和个人在费用分担上的责任，并设计合适的机制去实现它。

二、中国社会养老服务体系建设的主要进展

根据上文简化的供给侧和需求侧核心问题，可以简单梳理一下中国社会养老服务体系在这几个方面的进展。

在供给侧，主要进展有：一是政府职责定位逐渐明确。2013 年 9 月，国务院发布的《关于加快发展养老服务业的若干意见》明确提出了“坚持保障基本”的原则，提出“确保人人享有基本养老服务”。2019 年 4 月，《国务院办公厅关于推进养老服务发展的意见》中提出“确保到 2022 年在保障人人享有基本养老服务的基础上，有效满足老年人多样化、多层次养老服务需求”，再次明确了政府保障基本养老服务的责任。

二是市场准入门槛显著降低。2016 年 12 月，《国务院办公厅关于全面放开养老服务市场提升养老服务质量的若干意见》发布，对全面开放养老服务市场提出了明确要求，包括降低准入门槛、放宽外资准入精简行政审批环节等。2019 年 4 月，《国务院办公厅关于推进养老服务发展的意见》再次强调全面落实外资举办养老服务机构国民待遇。境外资本在内地通过公建民营、政府购买服务、政府和社会资本合作等方式参与发展养老服务，同等享受境内资本待遇。境外资本在内地设立的养老机

构接收政府兜底保障对象的，同等享受运营补贴等优惠政策。

三是基本养老服务制度推进加速。2021 年 9 月 26 日，民政部召开全国基本养老服务体系建设推进电视电话会议，对基本养老服务的内涵和“十四五”时期的重点进行明确，将有助于推动基本养老服务制度的建立。根据会议，“十四五”时期的重点是，要加快构建基本养老服务制度框架，研究建立基本养老服务指导目录，完善对象精准识别和动态管理机制，健全服务有效供给制度，强化服务质量安全监管；要精准做好与长期护理保险、老年人福利和救助制度等相关领域的政策衔接，加强城乡区域统筹，推进基本养老服务均等化；要从设施、资金、人才等方面进一步强化优先意识和要素保障，落实“十四五”规划确定的公办养老机构建设、特殊困难老年人家庭适老化改造、社区居家养老服务网络建设三项重点工程。

四是积极推动供给方式多元化。在政府购买服务方面，2014 年财政部等部门发布《关于做好政府购买养老服务工作的通知》，对政府购买养老服务的主体、内容、标准、监管等提出了明确要求。在公办养老机构改革方面，2013 年 12 月《民政部关于开展公办养老机构改革试点工作的通知》中提出“推行公办养老机构公建民营”。2016 年 12 月发布的《国务院办公厅关于全面放开养老服务市场提升养老服务质量的若干意见》再次要求加快公办养老机构改革，明确要求到 2020 年政府运营养老床位数占比在当地养老床位总数中不超过 50%，鼓励社会力量通过各种形式参与改革。2020 年 12 月发布的《国务院办公厅关于促进养老托育服务健康发展的意见》再次强调要扩大多方参与、多种方式的服务供给。

在需求侧，关于费用分担的问题，主要有两个方面的制度安排：一方面，建立了多种类补贴制度。根据《2020 年度国家老龄事业发展公报》，截至2020年底，全国共有3853.7万老年人享受老年人补贴，其中，享受高龄补贴的老年人3104.4万人；享受养老服务补贴的老年人535.0万人；享受护理补贴的老年人81.3万人；享受综合老龄补贴的老年人132.9万人。2020年，全国共支出老年人福利经费517亿元。另一方面，开展了长期护理保险制度试点。2016年人力资源和社会保障部办公厅印发《关于开展长期护理保险制度试点的指导意见》（以下简称《意见》），决定在15个城市开展长期护理保险制度试点，并对试点相关工作做了部署。《意见》对开展长期护理保险试点的指导思想和基本原则、目标和任务、基本政策、管理服务等作了规定。2020年9月，国家医保局会同财政部印发《关于扩大长期护理保险制度试点的指导意见》，新增14个试点城市（区），探索建立以互助共济方式筹集资金、为长期失能人员的基本生活照料和与之密切相关的医疗护理提供服务或资金保障的社会保险制度。

尽管采取了诸多措施，但是实际上整个养老服务体系还是处于相对低水平的状态。首先，原来一直强调居家为基础，但是居家为基础实际上是要以社区服务为依托，没有这个依托居家养老还是停留在传统家庭养老的基础上，导致基础不牢。其次，社区服务本身严重滞后，成为制约整个养老服务体系的短板。再次，从养老机构来说，应该定位为社会托底，对于失能人员的托底，但是现在养老机构的功能不是特别明确，实际上没有起到社会托底的功能。最后，医养与康养也是分离的状态，严重影响了老年人的养老质量，所以这几年需要着重强调。

三、养老服务体系建设的关键任务

养老服务体系建设有两个重点：一是在供给侧形成基本养老服务制

度。基本养老服务制度现在由民政部主抓，基本养老服务制度的建设要划分清楚哪些服务是政府要重点发展的。政府需采取更优惠的政策，要考虑在财力有限的情况下怎么去保障它。二是从需求侧来说还是要建立社会化的分担机制。通过一种机制降低老年人养老服务利用门槛，使养老需求得以满足。

实际上，这两项工作可以由长期护理保险制度统一起来。长期护理保险制度面向老年人最基本的护理需求，可通过建立需求评估和服务清单等厘清基本养老服务范围和服务标准；长期护理保险制度以社会共济的方式分担参保人的护理费用，将大大降低服务使用门槛，扩大基本养老服务惠及范围；长期护理保险制度可降低养老服务供需均衡价格，从而大大提高养老服务供需均衡水平，促进养老服务业发展，为基本养老服务供给提供保障。目前，国内主管养老服务制度和费用分担机制的政府部门处于长期分离的态势。基本养老服务是在民政部，长期护理保险制度是在医保局，后续需加强两个部门的协调。

在长期护理保险制度建设上，建议制度模式应该建成城乡统一、全国一体、普惠性、福利性、强制性的保险制度。参保对象应以目前的城镇职工医疗保险和城乡居民医疗保险对象为主，资金筹措上还是以社会保险缴费为主，加以财政补贴和使用者负担，建立全国统一的需求评估和分级制度，由低水平起步，动态进行调整。

当然，仅仅一个长期护理保险制度还不够，建设社会养老服务体系还需要注意以下几点。第一，我们政策的焦点还是要从注重顶层设计往落实上靠一靠，因为这些年出了很多政策，但很多政策没有真正落到实处。政策的落实需要各级政府落实责任，并且加强政策的评估和检查。第二，要加强创新驱动。在劳动力总体下降的情况下，实际上养老服务人员的供给始终是个难题，还是要加强新技术的应用去节约劳动力。另外，整个养老服务业还是传统的模式，要利用新技术、培育新业态。第三，还要增强老年人自我的养老意识，让老年人在社会帮助的情况下实现自己的养老，群体层面要鼓励老年人之间的互助。第四，要补足社区养老服务的短板，包括它的基础设施建设、社区内的资源整合、对社区养老服务的政策支持等。

对老年服务体系建设的几点思考

葛延风　国务院发展研究中心社会发展研究部原部长

一、切实把握好未来十年应对老龄化的机会窗口期

中国的老龄化形势非常严峻，除生育水平下降等因素外，主要就是20世纪60年代出生的高峰人口，将陆续进入老年期。这一数字非常庞大，如1963—1970年年均出生人口接近2800万。当然还有其他未富先老、不平衡等问题。

必须认识到，未来十年是我国应对老龄化的重要机会窗口期。从整体上讲，目前我国老龄化水平虽然在加速，但是和多数发达国家相比，老龄化水平还不算太高。比如2020年，我国60岁以上人口占比为18.7%，到2030年估算达到28%左右，到2030年前，总体上都还低于绝大多数发达国家的水平。但到2050年前后，这一比例可能达到40%左右，会超过多数发达国家。未来十年，老龄人口增长虽然很快，但是以低龄老年人增长为主，2020年80岁以上的高龄老年人大概是3100万，到2030年达到5400多万，但到2050年，80岁以上的高龄老人将高达1.33亿，占总人口的10%左右，压力会非常大。对于我们国家来讲，未来十年是必须抓住的机会窗口期，要充分利用这十年左右的时间，建立

更加完善的老年服务体系。

二、统筹经济保障、医疗卫生服务和生活照料服务

应对老龄化，核心要解决三个问题：一是老年经济保障或者说是老年经济安全问题；二是老年人的医疗卫生服务，随着老龄化加剧，各种慢病、失智失能等疾病负担和压力会越来越大，如何实现健康老龄化是很大挑战；三是生活照料压力也会越来越大，必须形成有效的支持体系，保障老年人基本生活质量。这三个问题有区别，也有很强关联性，未来整个制度设计必须通盘考虑。

关于老年经济保障，我有一个基本判断，只要经济增长超过人口增长，养老理论上就不是问题。但是这里存在一个代与代之间财富如何分配以及个人整个生命周期之间财富如何分配的问题，需要进一步完善制度设计。

三、服务模式要全面变革

在老年医疗卫生服务和生活照料服务上，一定要强调模式的创新。比如在老年医疗服务领域，现在的医疗服务模式还是以治疗为主，以大医院为主，成本非常高，这是不可持续的。未来要强调健康教育和健康管理，包括倡导健康的生活方式，强化健康知识的传播，理性生命观的培育，以及更具有连续性和针对性的疾病管理；同时，针对独居空巢以及失能失智问题越来越突出的现实，要改变服务模式，大力发展上门医疗服务。上门医疗服务与医院的服务相比，无论是医疗服务的成本还是医疗服务的质量，都要好很多。此外，还要同步大力发展利用现代信息

技术的主动式健康监测与管理，对各种风险早发现、早干预、早处置。在生活照料服务方面，也需要进一步创新和完善服务模式。以居家为基础、以社区为依托的原则不能变，也变不了。以机构为主来解决老人的生活照料对中国来讲是不可能的，对全世界任何一个国家几乎都是不可能的。所以以居家为基础、以社区为依托模式必须坚持好。目前的主要问题是社区的支持体系和功能还很不完善，未来必须全面强化。

四、坚持政策完善与产业发展和技术进步双轮驱动

一方面，要进一步完善相关政策与制度体系；另一方面，要大力发展相关产业，推动技术进步。产业和技术的发展不仅是提高老年生活质量的基础，同时能够解决一个十分重要的问题，即未来老年服务中的人力资源严重不足问题。随着老龄化的加剧，能够为老年人提供服务的劳动力占比是存在天花板的，事实上，目前这一问题就已经开始显现。很多服务靠人力解决是不现实的，必须靠产业发展和技术进步。因此，要加快推进重点领域的产业发展和技术进步。一是医药产业，包括医疗技术以及药物等。当然，这里还涉及怎样平衡好防和治的关系，新药和新技术可及性、可负担性的问题以及创新和适宜技术的关系平衡问题。二是“互联网+医疗”与照料服务，这一领域近年来发展很快，但问题还不少，一定要规范与支持并重，加快新模式、新技术的应用。三是要大力推进公共基础设施以及居家生活设施的适老化改造，这方面无论是城市还是农村，短板都还很多，需要大力发展。四是要加快老年康养器具产业的发展，这方面的需求空间非常大。五是要大力发展商业养老和商业健康险，提高多层次的养老和医疗保障能力，满足多样化需求，更好地实现风险分担。

探索以养促医、以医助养的新型医养关系

迟福林　中国（海南）改革发展研究院院长

我国进入老龄化社会，如何在经济社会发展中妥善解决好数亿人的养老保障问题？如何在老龄化社会中破解医养结合面临的突出矛盾？如何适应老龄化社会的需求，探索形成适应我国国情的新型医养关系？这些问题已成为事关我国中长期经济增长的重大现实因素。

一、进入老龄化社会，医养结合面临的突出矛盾何在？

我国进入老龄化社会，增长与养老的结构性矛盾成为经济社会发展的基本性问题。我认为，讨论当前的医养关系，也要放到这个大背景下寻求有效解决之路。

1. 我国开始由中期老龄化社会快速步入深度老龄化社会。按照国际通用的划分指标，当一个国家或地区 65 岁及以上人口占比超过 7%时，意味着进入老龄化社会；达到 14%时，为深度老龄化社会；若超过 20%，则为超老龄社会。未来 10 年，我国仍将处于人口老龄化快速发展的阶段。2018 年，我国 65 岁及以上人口达到 1.67 亿人，占总人口的 11.9%。2018 年 12 月，世界银行的一份报告预计，到 2027 年我国 65 岁及以上人口比例将从 2002 年的 7%上升到 14%，进入深度老龄化社会。

传统医养关系难以满足老龄化社会日益快速增长的医养需求。一方面，由于公立社区医疗机构与日间照料中心难以提供老人所需的各类养老医疗服务，患病、失智、失能、半失能老人，多年把医院当成“家”，造成医疗资源的严重浪费；另一方面，医疗服务与养老服务之间的界限未能严格明确划分。故此，在医养结合政策出来后，有的医疗机构借医养结合之名寻求某些市场盈利空间，由此造成医养结合的各种“乱象”。为适应我国老龄化的趋势，需要着力破解以医代养、医养不分的突出矛盾，探索形成符合我国国情的新型医养关系。

二、进入老龄化社会，新型医养关系的基本需求究竟何在?

进入老龄化社会，适应养老需求与医疗需求变化的特点，不是不要“医养结合”，而是需要把握趋势，探索、试点、创新更高要求、更高水平的新型“医养结合”。我将这一新型医养关系概括为“以养促医、以医助养”。

1. 以养促医，适应老龄化社会需求，调整优化医疗资源配置。总的看，当前不少“养”的项目以“医”的形式支出。这不仅加大了医疗成本，而且不利于发展“养”的事业。比如，连续住院时间超过 3 个月的退休职工占三甲医院住院人数的比重只有 2. 1%，但占住院床日数的比重却高达 21%；花费的医保基金占医保基金支出的 16. 4%。因此，构建新型医养关系，关键是在注重“治”的同时，在医疗资源配置上更加突出“养”的位置，推进医疗支出的前端化，更多地用于“防未病、治小病、促保健”，由此实现医养服务的实质性结合。

（1）医养适当分离。发展新型医养关系，要明确“医”是“医疗”而不是“医护”。“医养结合”，结合的是服务，要求医疗服务与养老服务之间的连续性和医疗服务体系与养老服务体系的相互融合；“医养分开”是场地、费用等分开，特别是在第三方付费的情况下，对医疗服务和养老服务的支付要区分清楚。

（2）优化医疗资源支出结构，更多地用于养老保健类领域。随着我国加速进入老龄化社会，需要把一部分医疗资源配置在保健领域，以应对医疗体系和医保体系的巨大压力。

（3）优化医疗资源配置结构，将以全科医生为重点的资源更多下沉到社区。在我国以居家养老为主的养老模式下，越来越需要将全科医生和合理的护理资源下沉到社区。

2. 以医助养，以医疗为支撑完善老龄化社会的养老服务体系。老龄化社会中，“养”是关键，“医”是支撑，养老离不开医疗服务。以医助养，就是以专业化的医疗机构支撑完善养老服务体系。

（1）打通医疗资源支撑养老的途径。医养服务的结合，需要把医疗服务、健康咨询服务、健康检查服务、疾病诊治和护理服务、大病康复服务、临终关怀服务等和生活照护服务、精神心理服务、文化活动服务等有机结合起来，以形成居家养老和社区养老的重要支撑。

（2）建立以社区为重点的养老医疗服务体系。目前，我国社区在养老医疗服务体系中的作用还没有充分发挥出来。比如，2017 年，我国社区卫生服务中心床位数仅占所有医疗机构床位数的 2.8%，医疗技术人员占 5.3%。发挥社区在养老中的重要作用，要加大对社区养老服务的投入力度；要鼓励社区组建多种类型的养老服务社会组织，并给予倾斜性政策支持；要提倡和弘扬“社区互助文化”。通过家庭自助、邻里互助、社会关爱等形式，引导、整合社会力量参与老龄化养老医疗服务体系建设。

（3）大力发展医疗养老联合体。目前，医联体更多的还是侧重治疗，护理机构、康复机构加入的不多。这就需要鼓励护理院、专业康复机构等加入医联体，以加强医疗卫生与养老服务的进一步结合，打造新型医养联合体。

3. 突出中国特色，在传承与创新中形成新型医养关系。在构建新型医养关系过程中，中医药有着独特的优势和地位。例如，未病先防、已病早治和既病防变是中医“治未病”理论的核心。这与“以养促医、以医助养”的思路高度一致。从现实情况看，中医药的独特优势在“医养结合”中未能充分发挥。这就需要尽快把某些传统养生养老服务纳入政府采购目录和医保目录，大力支持中医药事业传承创新发展。

4. 新型医养结合要以养为主，以医为辅。很多老年人被动地进入失能失智状态，增加了社会、家庭和个人的负担。因此应转变观念，树立以养为主的健康理念，增强老年人在健康管理预防方面的主动意识。同时支持在社区、家庭、医院、养老院增加护理和养生功能，形成对老年人的持续照料，降低患病风险。

三、如何以结构性改革破解新型医养关系面临的结构性矛盾？

超 14 亿人口的大国要积极应对人口老龄化的严峻挑战，加快构建新型医养关系，既需要在政府“建制度、保基础、严监管”的同时，调动多方积极性，有效发挥社会与企业作用，形成三方合力；更需要推进产业、城乡、部门等相关政策体制的结构性调整与改革。

1. 加快服务业市场开放，发挥社会资本在医养服务供给中的主力军作用。2017 年，民营养老机构占比仅为 46%；基层医疗卫生机构中，公办机构占比 90%以上；此外，由于相关政策限制，民营养老机构和医疗机构设备空置与公办养老机构“一床难求”、大型公办医疗机构“人满为患”的结构性矛盾并存。这就需要以打破垄断为重点，推动以健康、养老为重点的服务业市场全面开放。

（1）按照“公开市场、公平竞争、公正监管”的原则，进一步打破养老服务相关的市场壁垒。例如，尽快实现不同所有制养老机构在财政补贴、税收、贷款、土地、人才等政策，以及水、电、气价格等方面的平等待遇；加快建立公平竞争审查制度，加强对健康、养老服务领域法规、政策的公平竞争审查。同时，取消非公立医疗机构区域卫生规划指标限制，放开包括诊所、门诊部在内的小型医疗机构的举办权。

（2）把政府购买公共服务作为构建养老医疗服务供给体系的重大举措。例如，通过购买服务、发放养老券、税收抵免等多种方式进一步拓展民营养老机构发展空间。争取到 2025 年，我国政府采购规模占 GDP 的比重由 2017 年的 4%左右提升至 10%左右，服务类采购占政府采购比重由 2017 年的 27%提升至 35%以上。

（3）以基层为重点大力发展公办民营模式。从国际经验看，基层养老与医疗机构社会化、民营化是一个大趋势。建议将一部分利用率不高、资源闲置的公办社区（乡镇）养老机构与医疗机构交由社会资本运营；通过公建民营、“一院二制”等方式吸引社会资本参与公办医疗、养老机构运营。

（4）在养老和医疗领域尽快引入国际先进标准。

——能否率先在海南等部分地区全面引进欧美日养老服务与医疗药品的管理标准，快速提升养老服务与医疗药品质量水平，在全国形成示范效应。

——能否在未来 2 年把药品进口增值税税率降至 6%；在对进口抗癌药等实施零关税的基础上，对癌症诊断和治疗的进口设备尽快实行零关税，以进一步降低癌症防治的成本，尤其是明显降低老年人癌症防治的成本。

2. 加快建立适应新型医养关系需求的保险体系。

（1）加快实现长期护理保险全覆盖。目前，我国医保只能报销医疗机构的费用，不能报销养老机构的费用，这等于变相鼓励老人住院养老，由此产生“小病大治、长期压床”的现象，不仅造成医疗资源的浪费，也直接导致医保基金的浪费。在日本，介护保险的存在使个人在居家养老中只需负担10%～20%的费用。借鉴日本经验，并从我国实际出发，尽快实现长期护理保险的全国覆盖，明确医疗服务与养老护理服务的界限。在此前提下，明确医疗保险只能付“医”而不能付“养”的基本原则。

（2）加快实现基本养老保险全国统筹。从现实情况看，养老保险全国统筹进展的滞后，制约了全国统一劳动力市场的形成，也使减税降费政策的落实大打折扣。为此，要尽快在全国实现统一缴费率、统一缴费基数、统一征收机构、统一划拨国有资本偿还隐性债务，为不同地区企业提供公平的发展环境。

（3）尽快让农民工成为历史。一方面，我国农村老龄化水平明显高于城市。预计到2028年，我国农村老龄化水平将高于城镇11个百分点；另一方面，由于城乡社会保障的制度性障碍，使得农民工进入城市后难以携带老人进城养老，造成农村空巢老人大量存在。建议使农民工享受与城镇职工同等的基本公共服务，为广大农民工接父母进城养老创造条件。

3. 加快推动适应新型医养关系的体制变革。目前，“多头管理”成为推动医养结合、构建新型医养体系的突出体制障碍。建议尽快在更高层面统筹协调医养关系，并建立全国统一的医养结合机构的准入、监管、评估机制。同时，厘清和明确相关部门的职责权限。

应对老龄化挑战的健康和保健计划

梅　尔　挪威卫生署副署长

一、挪威的卫生系统概览

关于挪威政府应对老龄化方面的政策和体系，也许对中国有一些借鉴作用。挪威有 442 个市镇，政府在提供公共服务方面发挥了很大的作用，公共财政提供了 85%的公共服务支出。有 4200 个全科医生，4 个区域卫生局负责专科护理。所有的医疗服务几乎都是由政府通过税务系统支付的，挪威只有很小的一部分是私营医疗，大概占 5%。

挪威发展也面临一系列挑战。一是人口变化，很多人指出，不论是中国还是挪威都面临着人口结构变化的重大挑战。我们也看到，在未来 20~30 年中，80 岁以上的人口数量会翻番。二是多重病症成为一项日益增加的挑战。

目前，挪威面临着双重的挑战。一方面，人口仍在老龄化；另一方面，缺少护理人员。所以，挪威需要制定相应的策略应对双重挑战。在挪威，我们认为非常有必要通过创新的方式提供护理，更好地协调各项专业活动。另外，我们还在做一些试点，通过技术减轻医护人员的负担，推广最新的技术。

二、挪威应对人口老龄化的白皮书计划

挪威通过白皮书计划应对医疗健康方面的挑战，在2009年实行的协调性改革，也就是协调一级的医疗机构、医院，让它们能够提供更好的服务给病人。我们制订了两个护理计划来满足未来对更多更好的护理需求，还出台了两个关于老年性痴呆的白皮书，2015—2020年的能力建设计划用于提升相关人员的能力和知识水平。此外，挪威公布了2020年关于初级医疗护理的白皮书，以及2018年面向老年人服务的一项改革。具体来看有以下三项。

第一，护理计划2020。这是一个全生命周期的护理，满足老年人的一些需求，该护理计划包括几项加强护理规模、能力和质量的措施。护理计划有好几项措施是加强护理的能力和质量。一是利用投资基金建设护理院和社区一些房屋，让老人有一个安全的生活环境。在挪威老人一般不和孩子住在一块，他们是分开住的。所以，在经济上、财务上他们也是独立的。当然，家庭也会提供一些护理，但只是隔三岔五地观察一下。二是家庭护理计划。在护理计划里也有家庭护理的成分，比如，有的时候我们看到护工的人数太短缺了，这么少的人手没有办法护理那么多老人，所以，也需要家庭的护理，希望在这方面可以进一步地发挥家庭护理的作用。三是全国志愿者服务战略，让志愿者参与到老年护理的过程中，这样可以让老年人觉得不是那么孤单。四是促进开发和实施福利技术。

第二，老年性痴呆计划2020。老年性痴呆的规模巨大，我们认为非常有必要建立一个对于痴呆老人更加友好的社会。在市镇的规划方面，已经将老年性痴呆列入城市规划的议事日程；此外，那些痴呆的人应该

自己决定和参与生活，要提供优质服务以满足痴呆症患者及其家人的需要。主要的策略是，年轻时的预防——对心脏有好处也对大脑有好处；平时的活动、应对和临时护理；具有系统跟踪和量身定制服务的病人护理途径；研究、知识和专门知识。

第三，能力建设计划 2020。出台市镇保健和护理部门征聘、能力和专业发展的政府计划，目的是在服务方面拥有高水平的专业知识，配备足够的合格人员。6 项战略和 50 项措施主要包括：聘用一些有能力的人从事医疗和护理行业的工作，也就是说，有更多的年轻人能够进入护理行业；提高相关的教育质量，为该行业从业人员提供基础教育和高等教育。参与护理的人应该是符合资质的。所以，这些在人员的招聘、培训方面都有计划。政府还出台了初级医疗的白皮书，也是挪威医疗服务里最重要的一环，就是提升能力和领导力，不论是在地区层面还是在市镇层面。同时，也确保护理的质量是符合要求的。白皮书中还提到要组织医疗团队、护理团队。如果有人身患好几种疾病，可以在医疗团队那里获得服务。还有一些跟进的团队，如果是重病，这些团队可以驻扎下来，尽可能地提供持续的服务。

因此，挪威基层健康护理白皮书的主要策略是：能力、领导、设立市级病人登记制度、更好地利用数字化、完善初级保健。后者包括提供服务的共同团队和跟进小组的建立。

挪威实施全生命周期的护理计划。也就是说，所有的人在他们的整个生命过程中，都能够按照他们自己的情况过得最好，也就是要确保老年人生活的质量。这样一个策略是促进社会质量的改善，需要一系列改革。这个改革由国家健康部在全国进行考察和老年人座谈来了解他们的家庭情况，然后与当地的政府和 NGO 座谈，了解怎样给他们提供更好的服务水平。经过全国的调研之后，产生了一些很好的想法，一些措施也在市镇层面上得到了实施。所以，这是具有质量的生活，也是为了创建一个对老年人友好的社会环境。

因此，挪威的医疗服务就是要满足一个老龄化社会的需求，通过“终生生活”——提高老年人生活质量的改革，制定了确保所有老年人享有良好和安全生活的政策；挪威各地广泛共同全程参与创造，以获得投入和建议；涉及的主要议题是：打造对老年人友好的挪威计划、活动和社区、食物和膳食、卫生保健、联系与合作五个方面。挪威制订了相应的计划和白皮书确保有相应的能力、创新的服务、新的知识和领导力，通过这些方式使老年人过上好的高质量的生活。

三、挪威养老相关的老人技术支持系统进展

目前，挪威正在推广为老年人服务的技术应用。那么，什么是与个人相关的技术呢？包括安全报警器、配药，以及如何监测人的脉搏。这是一个在家享受医院相关服务的感觉，可以在家里获得各种各样技术的支持。之前已经有发言人提到，挪威拥有一些设备增强能力的技术以及一些远程的技术支持医养服务。

挪威护理项目的目标是到2020年提供一个新的医养服务。实现这个目标需要先实现好几个试点项目，包括与市镇层面的合作，市镇一级负责实施这些项目，还和一些技术公司、大学等机构合作提供医养服务。通过研究发现，这样一个模式确实是有价值的，能够为病人和市民带来益处，因为提高了安全性，提高了他们的满意度和能力。还有医疗专业人员，也提高了他们提供服务的质量。对于社会来说，意味着可以有更强的能力提供服务，可以把服务提供给更多的人。这是一个多赢的结果。

这在以前是不能想象的，很多病人都面临着不安全的问题，在项目

结束之后感觉安全多了。因为使用了各种技术，让老年人能够更容易监控自我的健康。通过按钮呼叫护士、医生。这个项目不仅是技术的提供，而是涉及人，通过技术最终帮到人。所以，我们是要提供更好的服务，并且是创新型的服务。

患者和老人的需求是处于中心地位的。挪威健康部有一系列方法来实施技术项目。首先，有服务开发和试点，然后对这些试点进行研究，看是不是达到了预期目标，如果达到了预期目标，就制定一些指南开始推广。这是健康部遵循的步骤，并在全国推广，在安全技术方面还有远程护理，也在进行试点。如果说他们感觉到不安全，就可以按一下警报按钮。现在这个系统已经覆盖了挪威 300 多个市镇 80%的老人。

总之，与个人相连的医疗护理项目推广取得了成功。首先，把病人的需求放在首位，病人总是处于中心地位，同时能监控各种情况。其次，要确保在给出相关的改良建议之前，所有的信息数据都到位，而且数据具有可追溯性。再次，在整个环境中都和高校院所以及企业开展合作。最后，我们相信这会成为挪威医疗新常态。

第四篇

制度安排——构建生育友好型社会

以结构性政策与制度安排应对高龄少子化的挑战

迟福林　中国（海南）改革发展研究院院长

当前，中国经济结构和社会结构的变化调整正处于关节点。人口结构变化深刻影响着经济高质量发展的进程。对此，我简要阐述三个问题。

一、中国高龄少子化趋势是否已经“固化”？

客观来讲，未来10年，中国仍将处于人口老龄化较快发展的阶段，同时低生育率正在成为重大挑战。当前，需要讨论的是，这样一个变化趋势是不是已经“固化”，还是具有一定“动态”变化的空间。我的主要看法是，与日本、韩国等高龄少子化已经“固化”的趋势有所不同，中国的高龄少子化趋势仍有动态变化的某些特点。主要表现在相当一部分群体有生育二胎、三胎的意愿，但是养育成本逐年加大带来“生不起”的突出矛盾。如果未来10~20年，通过有效的社会政策如延退政策，使延迟退休年龄常态化，同时采取生育、养育、教育等一揽子的结构性支持政策和制度安排，中国高龄少子化的趋势是有可能得到一定程度缓解的。

二、关键是否在于应对高龄少子化的结构性政策与制度安排?

一是退休政策与制度安排。2020年，我们提出“选择性退休”的政策建议，即以延迟退休为目标，在一定年龄区间内由个人自主选择退休年龄。这一建议是受到挪威第三次养老金改革的启发所提出的。挪威“选择性延退”政策把“选择性”和“普惠性”有机结合，兼顾了公平与效率。实行“选择性退休”的实质是把退休年龄选择的自主权交给个人，同时通过养老金调整机制强化对个人自主选择“延迟退休”的有效激励。在退休年龄、领取养老金的年龄、领取养老金的比例、继续就业等方面，鼓励根据自身情况自主选择不同的退休年龄和养老金领取方案。这样，通过选择性退休的结构性政策和制度安排，使得个人自主选择延迟退休成为常态，从而对缓解劳动力不足、推动人口数量红利向人口质量红利转变有明显作用。

二是支持生育、养育、教育的结构性政策与制度安排。例如，逐步实行产假、陪产假、孕产妇医保、产科和儿科医护、孕期和哺乳期妇女弹性工作制、学前教育等鼓励生育的政策，并加快探索建立生育家庭税收减免等长效激励制度。同时，通过托育补贴、给雇用育龄妇女在产假育儿假期间产生的综合成本给予税收抵扣等企业税收支持、加强妇女儿童权益保护、提高基础教育均等化水平等结构性政策，提高家庭的生育意愿和养育教育能力。若这些结构性政策出台，将给“不是不愿生，而是生不起”的群体以保障，将对提高生育率产生积极影响。

三是实行积极就业的结构性政策与制度安排。比如，借鉴挪威立法保障老年人就业的经验，要为促进老年人就业提供立法保障，并为老年劳动者就业提供好的政策环境、社会环境。

三、如何建立健全以“一老一小”为重点的人口服务体系?

以“一老一小”为重点完善人口服务体系，发展普惠托育和基本养老服务体系，已成为中国的国家战略之一。从现实看，完善人口服务体系，需要进一步加快以养老服务为重点的服务业市场开放。人口老龄化进程的加快，带来“银发经济”产业发展的巨大空间。但是，中国养老产品和服务供给总量严重不足、结构不合理、水平不高的矛盾相当突出。目前，虽然已出台相关政策，但实施力度不够。从实际看，应进一步打破养老服务相关的行政与市场壁垒，尽快实现不同所有制养老机构在财政补贴、税收、贷款、土地、人才、政府采购等政策，以及水、电、气价格等方面的平等待遇；在养老和医疗领域引入国际先进标准，提高医疗和养老服务供给的质量；加大对社区养老服务的政策支持与财政投入力度；加大普惠性的托育服务供给，通过规划引导、标准设置、税收支持等政策和制度安排，引导社会力量发展安全、放心、有质量的托育服务新模式、新业态。

发展中国家应对老龄化策略与展望

洪　腾　联合国人口基金驻华代表

一、发展中国家面临更为严峻的老龄化态势

从全球来看，全球人口日益老龄化是一个基本趋势，主要原因是出生率低，而人们的寿命越来越长，进一步强化了这一趋势。但人口老龄化的问题不仅是中国面临的问题，也是全球共同面临的问题。尤其对发展中国家来说，这个挑战更为严峻。许多发展中国家，人口老龄化的速度比一些发达国家要快得多。例如，60 岁及以上人口比例从 7%增长到 14%，法国用了 115 年，瑞典用了 85 年，澳大利亚用了 73 年，美国用了 69 年，英国和西班牙都用了 45 年，而中国只用了 34 年，泰国只用了 23 年。相关预测表明，要实现同样的老年人口增长，巴西只需 25 年，哥伦比亚为 22 年。

因此，和发达国家相比，发展中国家都会遇到"未富先老"的问题——经济还没有发展起来，很快就进入老龄化社会。今天的发展中国家必须更快地适应人口老龄化，它们的国民收入水平往往大大低于当时经历同等程度老龄化的许多发达国家。

未来 15 年，在老龄化速度最快的国家中，预计老年人口占总人口比

例的增速要远比过去15年那些我们关注的国家要快。自20世纪中期以来，古巴和韩国生育率急剧下降，预期寿命大幅延长。预计在2015—2030年，这两个国家60岁以上人口占比增长最大，增幅接近13%。

从生育率角度看，新生儿比例20世纪中叶有所下降。但是，65岁以上人口在2015—2030年的发展速度很快。这是一个全球变化的趋势。

尽管如此，就规模而言，中国现在是老年人口最多的国家，80岁及以上人口的比例增长最快。中国已经拥有大约2.4亿60岁及以上人口。这些趋势加剧了人们对中国未富先老的担忧，特别是在大约7年前，中国劳动力开始萎缩。

如何应对这样的问题，中国如何在保持经济持续增长的同时解决老龄化的问题，还有很多的问题需要进一步研究。

二、老龄化既带来了挑战也带来了机遇

这些担忧是否被夸大了？为什么一个使7.4亿人摆脱贫困、世界第二大经济体的国家却不能够缓解和减轻老龄化带来的不利后果？鉴于中国老年人口每年增长近一千万，难道不应该把重点放在加快调整经济结构、完善卫生体系和鼓励支持社会机构发展养老服务，为越来越多的老年人提供经济保障、安全和高质量的生活吗？

老龄化难道不会带来新的机遇，从而进一步推动经济发展吗？一个国家的经济结构对经济发展有着非常重要的作用。决定一个国家的经济发展很大程度上是人口的生产力，而不是人口规模。中国已经努力大规模加快提高其人口的专业技能，完善医保和养老金制度，降低医疗费用，扩大医保和社保覆盖率，并使经济向高端、创新驱动的制造业和服务业转型。因此，它很有可能把老龄化转变为驱动可持续发展的一个重要因素。

从联合国的角度来看，我们也做了一些跨国对比。如果能恰当地整合协调政府的短期和中长期措施、民营部门和社会组织，将更容易在未来几十年实现上述目标，使得老龄化转“危”为机。

三、中国应对老龄化的对策思考

应对老龄化的政策必须考虑各国的国情以及社会、经济和文化现实，才能产生持续的效果。尽管如此，要让政策真正有效地发挥作用，必须基于一个完整的生命周期方法。那么，中国要如何做呢？

第一，挖掘新一代老年公民的潜力。今天的中国，一个普通的 70 岁老人比 20 世纪末一个 70 岁老人健康得多，也具备更多的技能。因此，可以逐渐提高男女退休年龄和抹平男女退休年龄差距，并充分利用日益扩大且已经颇具规模的“银发经济”，来满足老年人在医疗保健、学习、出行、休闲和金融服务等方面的需求，这些都可以带来巨大的长寿红利。特别是随着中国进一步现代化，人均预期寿命越来越长，女性在劳动力中的占比越来越高，这将为有效应对老龄化所需的扩大税基创造空间。

第二，支持选择生育更多子女的年轻人。事实上，中国的年轻人晚婚且选择只生一个孩子或不生是造成老龄化的关键原因，在可预见的将来也是如此。因为对年轻人尤其是年轻女性来说，生育和抚养孩子的经济和社会成本很高。妇女几乎完全承担无酬照护孩子的责任，加上产假和陪产假不足，缺乏灵活的工作安排，工作与生活的不平衡严重影响了养育孩子的积极性。

因此，要采取相应的措施，支持年轻人、年轻一代，要让他们生育更多的孩子。根据北欧国家经验，可考虑采取的主要社会措施包括加权减税、儿童保育补贴、提供可负担的高质量儿童以及老人照护慷慨的陪产假、灵活工作的制度安排以及赋予妇女权利和促进男女更平等分担家务劳动等。若能有针对性地减少城乡、区域和行业之间的不平等现象，这些措施会产生更好的结果。此外还应包括向不孕不育的夫妻提供高质量的生殖健康服务。

第三，加大对年轻一代的投入，尤其是在健康和教育领域。投资年轻人是积极老龄化和健康老龄化的关键，年轻人也是决定未来生育率的关键。换言之，将快速老龄化转变为可持续发展的资产，需要积极、健康和有智慧的老龄化，关键是创新、整合与终身观。

四、展望未来，最重要的是要有行动

未来我们需要做什么呢？中国目前的人口现状史无前例，集合了以城市为主的庞大老年人口和低生育率。从全球角度来看，就老龄化的决定因素、后果和应对措施进行更多的研究、知识分享和经验交流，对中国采取政策措施应对日益加剧的老龄化大有裨益。

更重要的是，目前正在经历快速老龄化的中国和其他国家需要全面的、全生命周期的政策创新，这就要求在方法上进行调整，从消极应对到积极应对，从被动应对到前瞻应对，从零散应对到整体应对。此外，还需要将重点扩大到全生命过程视角，对青年人、社会规范、社会价值和生活方式给予足够的关注。

我们乐观地认为，尽管年龄结构不断老化，但是到目前为止，中国人及其发展记录有力地表明：中国人口仍然可以是其可持续发展中的强劲动力。

改革构建居家为主老龄服务保障新格局

田雪原　中国社会科学院学部委员

一、老龄服务：新形势下养老保障重点转移的应有承接

中国的养老保障一般认为是社养、家养、自养“三位一体”有机结合的保障体系。经过多次的改革，机构和社区养老的不断发展壮大，特别是2020年全面建成小康社会，消除了绝对贫困，包括老龄人口在内全体成员的生活有了基本保障，虽然贫富差距仍然很大，基尼系数仍然比较高，但是仍然可以称得上国民安居乐业、生活基本无忧的全面小康社会。

在这样的背景下，老年人口最担心、最迫切的需要是服务，是可靠的最后一百步需要的服务。这是应对人口老龄化一个历史性的转变，由过去以供养为主到现在以服务为主的重大的、带有颠覆性的转变。也就是提出了一个口号：开展全方位服务，携手每位老年人走完人生最后一百步。

例子不胜枚举。比如对于诸多高龄、行动不便的老年人而言，已经有了可靠的养老金，但购买必需物品、去医院看病犯难发愁。但年轻人享受的“数字红利”，却成为老年人的“数字鸿沟”。特别是近两年抗击

新冠疫情中，很多老年人因怵于医院网上预约挂号、刷健康码进医院门、扫码查诊断报告、取药而选择放弃治疗，居住在家、听天由命。

二、居家为主：老龄服务新格局的核心

老龄工作重点转移到全方位老龄服务上来，既是现实的需要，也是未来发展的一大趋势。我们现在的形势面临着三个窗口期：

第一个是人口老龄化加速推进窗口期。1987 年我做了全国老年人口的抽样调查，当时，我国的人口存在这样几个特点：老龄化的速度较快，累进增长和分布不平衡达到的较高水平。但是我们也有误区，有人说中国老龄化速度最快、水平最高、任务最重。对此我不以为然，我们与欧洲国家和日本相比，情况还没有那么差。

关于累进增长和分阶段推进，也就是我们目前面临的形势，统计和预测表明，我们是分阶段推进的。究其原因，未来 60 年老年人的绝对数量基本是固定的，所以老龄化的预测也是比较准确的。2000—2020 年，我国 65 岁及以上老年人口占总人口比例为 7. 0%～13. 5%，年平均提升 0. 33 个百分点。2021—2040 年，我国 65 岁及以上老年人口占总人口比例为 13. 5%～22. 0%，年平均提升 0. 43 个百分点。2041—2050 年，我国 65 岁及以上老年人占总人口比例将达到 22. 0%～23. 1%，年平均提升 0. 11 个百分点。相比之下，2021—2040 年占比年均提速为 2000—2020 年的 130. 3%，2041—2050 年为 2000—2020 年的 33. 3%，2021—2040 年为我国老龄化率提升最快窗口期。

第二个是开启相对高龄化窗口期。这一点相比前面的高龄化高潮期并不逊色。因为对居家为主而言，不仅一般老龄化窗口期重要，而且老年人口相对高龄化窗口期的开启重要性凸显，更需要全方位的居家服务。

2000年80岁及以上占60岁及以上0.9%，2020年提升至2.0%，2040年提升至4.5%，2050年提升至7.2%。高龄化窗口期滞后于一般老龄化，居家服务只有累进增长才能达到缓解和满足需要的目的。

第三个是填补老龄居家服务短板窗口期。目前国内机构养老占比不足5.0%，包括灵活养老在内的社区养老不足8.0%，二者相加并增加弹性增长后也尚未超过15.0%，居家养老仍占85%以上。同时需注意愈演愈烈的家庭小型化趋势。从国内平均家庭户的人口看，2000年为3.44人、2010年为3.10人、2020年为2.62人。老龄独身、老龄夫妇的家庭户增长迅速，居家服务成为高龄群体刚性需求。此外，还有家庭子女赡养服务弱化、流动人口居高不下导致代际关系淡化、城市化乡村老龄人口占比较高固化等，居家为主老龄服务变得更为急需、迫切。

三、改革构建：顶层设计与政策调整取向

1. 加强顶层设计。

一是确定顶层设计负责机构。建议在民政部下设立居家老龄服务局，专事此项工作，并监督管理日后居家老龄服务。二是开展老龄服务需求调查。按照大、中、小城市，城市郊区、一般农村、偏远山区不同类型和层次，设计有一定差别的调查问卷。摸清不同层次老年群体日常生活物质、文化、交往等需求，开出老龄服务需求清单。三是协同相关部门落实规划方案。将居家老龄服务方案与国家发展改革委等协商，纳入年度、五年规划，使之落到实处。四是纳入国家基金资助项目。现在我们国家的国家基金、社科基金都在涨，1986年国家社科基金只有600万元，现在大概是30亿元。与国家社科基金、自然科学基金（软科学）等协调，列入基金资助招标项目，拿出有价值的实证研究成果。

2. 加强政策调整。

一是支持老龄居家服务业发展。我国现在有一个现象，无论是政府部门也好，机构也好，社区也好，都喜欢办老年之家、老年公寓、老年医院、老年大学等。为什么大家都热衷这些，而居家服务淡化？建议国家和各级政府地方财政适度倾斜，多拿出一些资金支持老龄居家服务事业。在贷款、税收、土地、物资供给上予以优惠。二是投资重点转移。以往国家、社会团体、社区、外资等对老龄事业投资，主要集中在兴建老龄医院、养老院、疗养院、保健院、老龄文化馆、老龄俱乐部等“显性工程”建设上。构建以居家老龄服务为主新格局，就要将投资重点转移到以居家老龄服务“非显性工程”为主上来。三是改革相应的法律法规。凡涉老工程均拿出一定比例资金支持，例如拿出10%用于居家老龄服务业。四是设立居家老龄服务基金会。将这部分款项集中管理、使用，推动“不分年龄人人共享社会”建设前行。

3. 加强宣传教育。

联合国将1999年定为国际老年人年元年，口号是建立“不分年龄人人共享”的社会。习近平总书记指出“让所有老年人都能有一个幸福美满的晚年”。这里讲“所有老年人”，不能撇开居家的、局限于养老机构的老年人，所以我们要将居家服务纳入社会主义核心价值观，共同富裕。基本人权观，进行养老、尊老爱老教育，纠正一说居家养老就是家庭子女的事情误区，要厘清社会、社区理应负有的不容推卸的责任，打造优良传统与现代文明相结合，家庭个人、社区、社会各负其责，互相补充，以居家老龄服务为主导，社区和机构服务为补充的老年服务新格局。

关于应对我国老龄化问题有关制度建设的思考

苏海南　中国劳动学会特约研究员

据国家统计局数据，截至2018年底，我国老龄化率已达17.9%；其中65岁及以上老年人口占全国人口比重已达11.9%，是典型的“未富先老”。这一状况已经给我国经济社会发展和稳定等多方面造成了日益明显的负面影响，主要有日益增多数量巨大老年人体面或至少有尊严生活保障的压力，劳动参与率下降，“食之者众、生之者寡”的冲击以及人口结构可能持续老化的压力等。抓紧研究建立健全相关制度以应对我国老龄化问题，已成为当前十分紧迫和重要的任务。

一、建立健全应对我国老龄化问题有关制度的着眼点和落脚点

基于我国老龄化问题涉及社会、经济、文化等多方面，建立健全相关制度是一个牵涉面广、影响度大、政策性强的复杂的系统工程，其制度建设的着眼点和落脚点必须站位高、视角宽、协同性强。

概括而言，制度建设的着眼点有二：一是要着眼于经济社会文化建设全局，聚焦于努力化解老龄化问题对我国经济社会等多方面的负面影响；二是要着眼于民生建设全局，聚焦于保障好全体老年人享有“老有所养、老有所医、老有所学、老有所乐、老有所为、老有所尊、老有所

规”的“七老”生活。其中“老有所尊、老有所规”是增加的一对紧密联系的新要求，即一方面要尊老敬老，另一方面要规范少数老年人的不文明行为。

制度建设的落脚点主要有三：一是要充分体现公平正义性和普惠性，即保障好老年人生活的制度应是面向全体老年人，不是其中的部分老年人；老年人所获得的各种回报应与其历史累积所作贡献相匹配，老年人相互之间回报差别不大。二是要充分体现共享理念和均衡性，即一方面要切实保证老年人能够共享经济社会发展成果；另一方面要能够平衡好老年人与其他社会成员的利益分配关系，不对中青年人造成较大负担。三是要充分体现协调性和可持续性，即保障老年人生活、化解老龄化对社会经济等方面的负面影响必须与我国经济社会发展水平和承受能力相协调、相适应，不能超出经济社会的承受能力；同时，相关制度可以长期实施，从而保证能够持续并逐步地化解老龄化带来的各种问题。

二、建立健全应对我国老龄化问题有关制度的主要措施

遵循上述制度建设的着眼点和落脚点，我认为应对我国老龄化问题的制度建设概括而言是“3+1”，即建立健全三方面制度，再构建一个环境。现分述如下。

（一）建立健全广义老年人扶养制度

这里所称广义老年人扶养制度，是指涵盖老有所养、老有所医、老有所学、老有所乐等事项，由亲属、用人单位、社会和政府多方面协同对老年人提供赡养、扶养、辅助照顾等活动的规程。当前，主要应抓好以下几方面工作。

第一，加快研究并出台实施逐步解决养老金双轨制的政策，建立公平合理的机关事业单位和企业退休人员养老金待遇制度。据媒体报道，目前机关事业单位退休金平均水平高于企业退休金平均水平一倍以上，剔除其中因人员素质结构等不可比因素应有的差距外，据估算不合理差距达30%。为此，应采取措施经过一定年份逐步缩小这两部分人员不合理的养老金待遇落差；同时建立城乡居民一体化的养老保险制度，逐步缩小城镇退休居民与农村符合退休条件居民的养老金水平中的不合理差距。

第二，研究逐步缩小退休高干医疗待遇与其他职工退休后医疗保险待遇差别中的不合理差距。减少退休高干医疗中存在的过度医疗导致的医疗资源浪费；同时逐步建立城乡居民包括老年人一体化的医疗保险制度，逐步缩小现实存在的城乡居民主要是其中老年人医疗保险待遇中的某些不合理差别。

只有下决心逐步解决以上问题，才能逐步减少并最终杜绝部分企业退休人员就养老金待遇不合理差距上访甚至游行等现象，才能减少并逐步消除各类老年人中因医疗保险待遇某些不合理差别所引发的矛盾，才能在“老有所养、老有所医”领域更好地体现老年人养老、医疗制度建设的公平正义性和普惠性，才能使化解老龄化问题具备重要的制度基础。

第三，建立健全老年人养老、医疗以及其他方面待遇水平的科学合理调整制度。这一制度要着重发挥好两个平衡的功能：一是平衡好老年人内部待遇水平合理调整的比例关系，坚决防止现有不合理差距扩大，并确保在待遇水平调整提高过程中逐步缩小；二是平衡好全国老年人生活改善与全国中青年人、少年儿童等生活改善的关系，协调好与经济社会发展及其承受能力的关系，尽心而为、量力而行，一定不要寅吃卯粮，给在职人员群体等增加额外负担。

第四，加快建立健全住院、社区及居家养老制度。一方面要努力多建公立养老院，同时引导、鼓励社会力量建立主要不以营利为目的的社会养老院，尽可能满足部分老年人住院养老的愿望和需求；另一方面要加强社区及居家养老制度建设，努力提供有利于社区及居家养老的各种资源。如建立健全社区医疗站；建立社区及居家养老服务站；组织成立社区助老志愿者队伍和居家养老信息员队伍；探索试行类似于欧洲等国家实行的“时间银行”制度，鼓励老年人在本人身体尚可时参加社区助老或其他志愿服务工作，将这些工作时间累积起来或换算成积分，待本人需要助老服务时能够折算成被服务的时间。将以上多种措施结合实施，为选择在社区及居家养老的老年人，特别是其中弱、病、残等行动不便者和自理能力差或无自理能力者提供必要的养老帮助。

第五，加快建立健全老年人医疗护理、康复护理、临终护理制度。这一护理需求必然随着当前老年人的寿命延长及日益衰老而大幅增加，特别是独生子女家庭，其父母年老力衰住院治疗、居家康复、临终护理，离不开人，而其子女绝大多数因忙于现职工作和照看下一代，无法长时间在医院或家里直接扶养父母，必须依靠专门的护理人员就近或贴身提供起居、洗漱、如厕、喂食、翻身、按摩等多项具体服务。为此，要建立健全专职和临时的护理人员队伍，组织有关机构制定护理行业工作标准，组织开展必要的培训，保证其获得合理的报酬，切实保障其能够提供符合质量要求的护理服务；同时，国家要积极引导并鼓励有关科研机构和企业大力研发老年人自助洗漱起居器械和各种护理设备、设施乃至护理机器人，且应尽可能物美价廉，拓展其使用率。通过从以上护理队伍建设、护理设备设施研发制造等多方面着力，为丧失自理能力的老年人有尊严地生活和有尊严地离世提供制度、人员以及设备设施等保障。

第六，逐步健全老有所学和老有所乐制度。进一步健全完善现行老年大学等老年人学习场所及其教学服务，开辟更多适宜于老年人学习、娱乐的场所、地点、渠道、形式，促进老年人提高自身素质和增加生活乐趣，以更好地改善提升老年人生活质量。

通过以上广义老年扶养制度六方面的措施，切实保障好全国老年人公平享有与经济社会发展相适应的高质量的“七老”生活。

（二）研究出台并稳妥实施延迟退休制度

延迟退休（以下简称“延退”）是世界潮流、大势所趋，也是缓解老龄化问题的必要措施。目前，市场经济发达国家都已实行“延退”，金砖国家中已有俄罗斯开始实行“延退”，巴西已经把男女退休年龄统一，我国也必然走上这条道路。但是，我们也看到，在我国以及其他国家，都有人数很多的反对延迟退休的群体，甚至由此引发社会动荡。究其原因，主要是对此项制度不理解或制度本身政策不够周全合理。因此，需要周密设计、稳妥施行。主要可考虑把握好以下三点。

一是合理选择率先“延退”对象。建议首先在白领人员或技能人才等灰领人员中施行，这些群体人员一般都有“延退”意愿和条件；其中，除国家法律有规定的外，其他各用人单位各级党政领导仍按现行退休年龄离开领导岗位，但可按白领“延退”年限延退，继续在非党政领导岗位发挥余热；白领女性“延退”年限可与男性一致。

二是合理设定“延退”条件。对蓝领人员特别是其中苦脏累险岗位人员“延退”应以改善工作条件、环境以及减轻体力付出或降低精神专注度、紧张度等为前提条件。其启动“延退”时间也可稍晚于白领、灰领岗位人员；其“延退”年限（可以设定两个“延退”时间阶段，比如前期4~6年，后期4~6年），前期可稍短于白领、灰领岗位人员，后期再达成一致（其中苦脏累险岗位人员延退年限继续低于其他蓝领岗位人员）。

三是把简称“延退”更名为“延领”，即“延迟领取养老金”。以增强劳动者个人对是否延迟退休的选择权。按国家新规定的“延领”年限退休的，可领取本人全额养老金；在国家新规定的“延领”年限与现行法定退休年限之间退休的，根据相应年份按有关公式计算减少全额养老金领取额度；在现行退休年限之前就不工作的，取消养老金待遇，只能按类似居民最低生活保障标准领取生活救助费；在国家新规定的“延领”年限以后年份退休的，在领取本人全额养老金以外按有关公式计算超额领取相应年份的养老金。

通过稳妥实施“延退”，一方面可减缓我国劳动参与率下降，另一方面可减轻养老等基金支付压力，对冲老龄化在这些方面的负面影响。

（三）加快完善鼓励生育制度

要从整体上降低我国老龄化率，必须提高我国生育率，增加新生人口，从而减缓并逐步扭转当前老年人口占比日益上升的趋势。为此，需抓好以下三条。

首先，摸清底数，正确决策。目前，根据国内某些机构或媒体发布的数据，我国近年来总和生育率只有1%～1.3%，而主管计划生育机构却未就此明确表态并发布相关信息。这需要有关方面组织力量全面调查统计，摸清我国生育真实情况，切实掌握基本准确的数据，为中央就生育政策正确决策夯实基础。在此基础上，根据准确的全国调研数据决定是否进一步放开二胎生育政策。

其次，加快研究并出台鼓励生育的多方面扶助和保障政策，解除多生育家庭的后顾之忧。一是进一步健全孕期、产期、哺育期，以及产假的保护政策，减少并努力消除生育适龄妇女孕期、产期、哺育期和产假的担忧；二是进一步明确产妇劳动岗位保留政策，切实消除妇女“生育即失业”的担忧；三是进一步健全婴幼儿护理制度包括多建公益性幼儿园、托儿所，规范建设其他幼儿园、托儿所并督促其依法依规正常运行，减少并努力消除多生育家庭对新生儿入托入园难、贵以及入园后可能受虐等担忧；四是健全面向全体新生儿童公正公平的中小学义务教育制度，减少并努力消除多生育家庭对新生儿上学难、贵以及所获得的教育资源不公平等担忧；五是研究如何建立健全国家对多胎父母及家庭的补助、援助制度等，同时对多胎家庭给予明显不同于丁克家庭和少子家庭的税收优惠，充分体现国家对承担多生育责任父母及家庭的关心爱护，形成鼓励生育的社会氛围。

最后，切实抓好上述制度、政策的贯彻落实。需要立法的立法，需要强制的强制，为鼓励生育、缓解老龄化趋势提供系统周全的法规政策及其制度保障，使我国的生育率逐步恢复到切实保障民族延续的水平，以此对冲老龄化负面影响。

（四）构建老龄化社会及对老年人良善友好的环境

构建老龄化社会及对老年人良善友好的环境需要在以下方面发力。

一是宣传介绍我国老龄化实际情况，客观分析其发展趋势以及已经和可能带来的负面影响和新的机遇，让社会各界客观了解老龄化，理性认识老龄化，既看到严重挑战，也看到带来拓展老年群体消费等新机遇，减少并努力消除社会对老龄化的单纯抵触和担忧情绪。

二是在多方研究并确定应对老龄化问题的制度后加大宣传和贯彻执行的力度；同时，对执行中做得好的表扬，对做得差的批评或依规纠正，有效发挥相关制度应对老龄化问题的作用。

三是各级财政在统筹好民生建设资金的基础上，拿出合理额度支持应对和化解老龄化问题；同时，税务部门还应对为老年人提供各种服务的生产企业、民营养老院、幼儿园、护理机构等给予税收优惠，鼓励支持这些机构努力为应对老龄化问题作出自己的贡献。

四是动员社会各有关方面积极参与应对老龄化工作，鼓励其拿出力所能及的各种资源，共同应对和化解老龄化带来的问题。

五是大力培育并发扬尊老、敬老、助老的中华民族优良传统，同时采取恰当措施纠正并逐步杜绝少数老年人的不良言行，真正构建起“老有所尊”“老有所规”的社会氛围。

三、加强应对我国老龄化问题有关制度建设的组织领导

化解我国老龄化造成的负面影响，保障好我国老年人的生活，形成优生优育格局以及科学的生育更替水平，是事关中华民族生存发展及其伟大复兴的大事。为此，要充分发挥我国社会主义制度的优越性，大力加强组织领导，把上述“3+1”制度建设工作这项复杂的系统工程建设好。现提出如下建议。

1. 将应对我国老龄化问题有关制度建设纳入党中央、国务院的重要议事日程，专题研究，抓好相关顶层设计，为此项工作保持正确方向并积极稳妥推进提供政治保障和指引。

2. 各地方党政领导应结合本地区老龄化程度的实际状况和需要，在中央有关大政方针指引下，进一步组织落实好《中华人民共和国老年人权益保障法》，研究制定本地区切合实际的可行政策并加强指导和监督检查，逐步建立健全上述三方面制度和环境。

3. 各级政府主管部门和老龄委等有关机构要通力合作、协同发力，择时成立关于应对老龄化问题国务院有关部际、各省区市有关厅局际联席会议制度，共同专题研究并齐抓共管推动应对老龄化的相关制度建设工作，力争取得好的效果。

中国农村老年贫困的挑战与机遇

李　实　浙江大学资深文科教授

在我们这样一个老龄化的社会中，更应该关注社会中的弱势老年人，特别是农村的一些贫困老年人。现在我们正处在推动共同富裕的大背景下，共同富裕就意味着人人都要富裕，不仅包括一般的人群，也包括老年人，特别是农村的一些老年人，一些贫困老年人。我这一段时间研究共同富裕问题，就特别关注低收入人群，怎样让低收入人群尽快富起来。另外，在低收入人群中要有所区分，有一些低收入人群生活在农村，而且农村相当一部分低收入人群是老年人。所以怎么解决老年人的贫困问题，特别是农村老年人的贫困问题，对于我们推动共同富裕是至关重要的。

我主要阐述以下三方面的问题。

第一，老龄化过程中的共同富裕问题。推动共同富裕，我们要关注不同的人群，特别是老年人，这是我们应该特别关注的群体，怎么让他们在整个经济发展过程中、推进共同富裕中同步地富裕起来。

第二，老年人的问题比较多，特别是在老龄化的过程中不断地在加剧老年人所面临的问题，这些问题不仅涉及他们的保障水平低的问题，也涉及对公共服务、社会资源的共享程度比较低的问题。因为我们的共同富裕不仅要提高富裕程度，也要提高共享程度，在这方面老年人的富裕程度和共享程度都存在问题。

第三，解决老年人的问题。短期来说，老年人的问题是要解决老年人现在的收入、公共服务、社会保障的问题；长远来说，更多地需要解决年轻人的问题、解决儿童的问题。我们经常说“一老一小”的问题，可能是现在中国社会面临的最大的问题。

共同富裕有两个关键词：第一个是富裕，第二个是共享。富裕，就意味着我们要不断地富裕，我们的发展程度并不是很高，我们的共享程度也并不是很高。从我们的发展程度来说，现在中国仍然是一个发展中国家，是一个中等收入国家，2019 年人均 GDP 刚刚过了 1 万美元，也就是跟全球其他国家相比我们处在中间的水平。我们的人均 GDP 在 184 个国家和经济体中排名第 72 位。如果看一下人类发展指数（HDI），我们在 180 几个国家当中排名第 85 位，也刚刚进入 40%。2021 年全球幸福指数国家排行榜，我国排名在第 84 位，不在幸福程度最高的 50%的国家当中。如果看这些指标，意味着我们的富裕程度还有待于进一步提高。

提高到什么程度？比如 2035 年中央确定我们的人均 GDP 要达到中等发达国家的水平。中等发达国家不是发达国家的中等水平，中等发达国家是比发达国家收入要低的一些国家，这是中国特有的一个名词，大部分集中在东欧国家，人均 GDP 大概 2 万美元，2035 年我们要达到人均 GDP 2.5 万美元，2050 年我们要能够达到发达国家的水平，人均 GDP 达到 5 万美元，这种情况下我们就要保持经济年均增长率 7%~8%的水平，这是一个巨大的挑战。

另外，我们的共享程度也不高。共享程度不高很大的问题在于我们的收入差距过大，财富差距也过大。而且收入差距近几年维持在高位徘徊的状态，基尼系数 0.47 左右，当然，这有低估的问题，实际的基尼系数可能要超过。另外，我们的财产差距在急剧扩大，财产分配基尼系数从 21 世纪初的 0.5 左右上升到 0.7 左右，财产差距扩大、收入差距扩大，相互影响，一旦这样在短期内缩小收入差距可能性不是很大。从这个意义上说，共同富裕一定是全体人民的富裕，它不是少部分人的富裕，全体人民就包括老年人也包括孩子，从这个意义上，全体人民的富裕才是全民共富。

但是共同富裕不是均等富裕，不是财富的平均主义分配，这一点中央非常明确，实际上共同富裕不是要实现大家均等的富裕。这种情况下我们推进共同富裕，要把低收入人群的收入、财富水平、享有的公共服务水平都提上来，缩小财富差距，缩小公共服务享有水平的差距，而不是要“压高”，把高收入人群、财产多的人的财富收入压下来。“提低”我们就要瞄准低收入人群，特别是社会底层的人群。

从这个意义上说，关心社会上的低收入人群，可能更重要的还是集中在老年人的问题上，特别是农村老年人的问题。这些年我去了很多落后地区，农村的贫困人口基本都以老年人为主。这种情况下，怎么能让老年人过上富裕的生活，对我们来说是一个非常大的挑战。

此外，相对贫困变得越来越严重，相对贫困发生率在不断上升，20 世纪 80 年代的时候相对贫困率在 11%~12%，现在上升到 18%~20%，因为我们的收入差距在扩大，这是一个总的贫困变动的趋势。

如果看特殊人群，比如老年人不论是绝对贫困还是相对贫困，贫困发生率均高于一般的人群，因为很多老年人的子女迁移到城市之后，他们就成了孤寡老人，这些老人没有生活来源，即使有一点儿转移性收入，对他们来说都是杯水车薪。另外，现在农村老年养老金相对过去来说好多了，但养老金水平还很低，富裕地区稍微高一点儿，大部分地区每个月老年人得到不到 100 块钱的养老金，这些养老金不足以使他们脱离贫困的状态。

另外是养老待遇差别的问题，我们国家的养老制度是碎片化的，农村老年人是一种养老待遇，城市居民是一种养老待遇，城市退休职工、企业退休职工是一种养老待遇，机关事业单位又是另一种养老待遇，养老待遇差别非常大，农村养老金待遇是最低的，城市居民要高一些，企业退休员工更高，最高的还是机关事业单位人群，高出几十倍。养老待遇差别这么大，肯定不符合共同富裕的精神，我们要缩小这种待遇。这都面临很大的挑战，而且要缩小起来非常困难。

我们做了数据分析，比如城镇养老金待遇的差别，基尼系数不断扩大，2002 年大概只有 0.42，2013 年上升到 0.46，2018 年上升到 0.52，说明城市内部养老待遇的差别在不断扩大。很多年前我们都在说要缩小养老待遇，但是实际情况是不断扩大的。这种情况下，我们怎么解决老年人所面临的问题？更重要的是从推动共同富裕的角度来看，实现全生命周期的公共服务均等化。人的一生中至少分为三大阶段，进入劳动力市场之前的阶段、进入劳动力市场后的劳动阶段、退出劳动力市场是退休养老阶段，这三个阶段对公共服务的要求是不一样的。解决老年人的问题，短期看要解决老年人现在收入、公共服务、社会保障的问题；长期看要解决年轻人特别是儿童的问题。农村留守儿童、城市留守儿童处在一个相对平衡的状态，儿童长大之后就会成为一个相对平衡的群体，从这个意义上来说，实现共同富裕要解决“一老一小”两头问题，这也是现在中国社会面临的最大问题。建议更多地把公共服务的均等化放在第一个和第三个阶段，第一个阶段是儿童发展的问题，第三个阶段是老年人的养老保障问题，如果能够把这两个阶段的公共服务均等化做好，一定程度上对缓解老龄化问题、推动整个社会的公共服务均等化起到重要作用。

我们现在面临两大挑战：一个是老龄化的问题；另一个是少子化的

问题。实际上这两个挑战之间有联系，但也不是一种必然的联系，我们国家同时出现了这两个问题。一般情况下老龄化是时间在前面的，少子化往往是要往后延迟的，但是实际情况是两个几乎同时出现了，这样就面临一个问题，要应对这两大挑战，我们需要更多的公共资源和公共服务。要想改变少子化问题，各种应有的社会保障政策和公共政策，都是需要资源和投入的。另外，应对老龄化的问题，特别是应对老龄保障待遇均等化的问题也要投入各种各样的资源。在这种情况下，我们下一步将面临一个很大的挑战，即发展与共享之间的挑战，大量的社会资源一方面要应对少子化，另一方面要应对老龄化，我们要考虑发展潜力在哪里。

降低“三育”成本

蔡　昉　中国社会科学院原副院长、学部委员

一、中国过早出现的低生育率及人口老龄化的现状

1. 中国面临“未富先老”。人口老龄化这一社会现象已发生在多数发达国家，并且其老龄化程度已达到较高水平。发达国家包括挪威在内，很早就进入老龄化，现在老龄化程度也比较高了，而且还在继续发展。同时，我们也看到发展中国家的老龄化程度迅速赶超。除一般规律外，中国人口老龄化还有三个特点。第一，中国拥有全世界最大规模的老年人口。目前，中国人口占世界总人口的比重是18%多一点，未来会继续下降。但是，中国60岁及以上的人口已经占到世界20%左右，并且将来还会保持在这个比例，也就是说中国有世界上最大的老年人口总量。第二，中国老龄化可能是全世界的国家中发展最迅速的。相比其他发展中国家，中国将率先在老龄化程度上赶上并超过发达国家，然后才会慢慢地平缓下来。第三，“未富先老”。中国老龄化是在人均GDP比较低的情况下发生的。如果按照老龄化来排位，中国老龄化的世界排位远远超前于人均GDP的世界排位。这三个特点应该成为未来需要把握的重要国情。

2. 中国正在经历“未富先小”。中国劳动年龄人口总量相对过去正在逐渐变少。15~59岁劳动人口自2010年达到峰值后，近十年一直处于负增长状态，平均以每年几百万的速度减少。这说明劳动年龄人口正在逐年萎缩。与此同时，预计我国可能在2025年之前还会达到人口总量峰值。届时，我国人均GDP或将达到1.3万~1.4万美元，并不算富裕。这种现象应叫作“未富先老”。同时，由于劳动年龄人口减少，人力资源紧缺，资源重新配置空间缩小以及资本回报率下降等一系列冲击，我国经济发展从供给侧逐渐减速，未来将遇到更多的需求侧制约情况。

从未富先老再演化下去，可以说正在出现未富先小。相对来说，过去人口不断变大，但是现在开始在变小。中国有两个重要的人口变化转折点。第一个人口转折点是2010年，15~59岁的劳动年龄人口2010年到达峰值之后一直是负增长，每年以几百万的速度在减少，劳动年龄人口在萎缩。第二个人口转折点是2025年之前，可能会达到人口总量的峰值。第一次人口转折点带来劳动年龄人口减少，人力资源紧缺，资源重新配置的空间变小，以及资本回报率下降等一系列冲击，导致潜在增长能力和实际经济增长速度已经降下来了，我们已经看到了过去十年的情况。第二个人口转折点，2025年之前人口达到峰值后经济增长会越来越受到需求侧的制约。第一次人口转折点导致中国供给侧的新常态，第二次人口转折点将导致中国需求侧的新常态，并且越来越会制约中国的经济增长。

二、中国扭转低生育率的机会仍然存在

1. 扭转低生育率的关键在降低“三育”成本。

中国当前总和生育率为1.3%，低于世界很多国家，大幅低于人口更

替的生育率（2.1%）。《柳叶刀》有文章曾指出，导致生育率下降的主要原因可归结为妇女接受教育程度的提升和避孕工具的可获得性。然而这两方面均为社会进步的产物，因此生育率下降的趋势或将无法避免。然而，这是指从很高水平向更替水平下降。从低于更替水平向上回升，则另有影响因素。根据我国国情，为使我国总和生育率尽可能回升至接近2.1%，我国政府提出降低“三育”成本的政策，即通过降低生育、养育、教育成本来促进生育率的提升。该政策或将在很大程度改善生育率持续走低的现状。

我们还有没有机会来扭转低生育率的状态？全球有生育率高的国家，比如一个家庭平均有5个、6个孩子，也有像中国大陆一样一个家庭平均1.3个孩子这样低的生育率，还有低于中国大陆的，例如台湾地区、香港地区、澳门地区，还有韩国总和生育率都接近或者低于1%。联合国在调查人们生育意愿的时候，发现不管在什么样的国家，在非洲也好，北欧也好，大多数回答两个孩子是希望的家庭规模。也就是说，2.1%的更替水平生育率大体上也是意愿生育水平。但是，实际生育率不是这样，不同的国家和不同的家庭面临着不尽相同的社会经济因素影响和制约。要使生育率往上回升到尽可能接近2.1%的更替水平和意愿水平，我国政府还是抓住了关键，提出降低“三育”成本的政策。“三育”成本降下来，生育率回升就有希望。

2. 影响生育率的主要因素：高抚养成本。

我认为，有以下四个方面的主要因素。

（1）生育年龄与就业年龄和收入年龄不对称。我国当前处于最佳生育年龄即20~34岁的年轻人，尚处于职业的艰难攀升曲线上，其收入往往较低，并且工作不稳定。因此，这两点成为影响当代年轻人生育的主要原因。

（2）时间预算约束影响生育意愿。国家统计局曾在2018年研究得出，一个中国人平均每天在创造GDP活动上花费的时间为311分钟，花在不创造GDP的活动上的时间为164分钟（其中主要从事家务劳动和照料等事项）。两者比例为1∶0.53。因此，一些经济学家设想，若将家务劳动计入GDP活动，那么我国GDP可提升53%左右。调查指出，中国女性平均每天花费15%的时间用于家务劳动。由于中国妇女就业率高，很显然大部分女性没有足够时间与精力照顾孩子。因此，时间预算的约束在很大程度上影响着我国的生育水平。

（3）缺乏工作稳定性和社会保障。当前我国非正规就业率已高达30%。这类就业人员往往薪酬较低，就业岗位不稳定，同时缺少社会保障，因此使生育意愿下降。并不是缺岗位，而是一些群体就业和社会保障的稳定性不足，使得生育意愿下降。非正规就业近几年看上去减少了，因为政府加强了对市场主体的注册登记，统计上也逐渐归到其他不同部门，但是总的来看把自我就业和不被登记的就业加在一起的比例目前还高达30%左右，意味着就业的非正规性还是很明显的。

（4）社会流动性差降低生育期望。相关数据指出，我国城市人口中约有71%的人拥有城市户口，可以得到基本的公共服务，拥有社会保障。而29%没有城市户口的人中大部分来自农民工群体。农民工群体的收入和就业不稳定，无法享受与城镇人口一样的社会保障特别是养老保险等基本公共服务。同时，由于新一代劳动者社会流动性差，其在改变社会地位、收入分组、教育水平和职业地位等方面均遇到很大的障碍，因此影响生育意愿。社会流动性差会降低对孩子未来发展的预期，从而降低生育意愿。同时，农村的户籍人口中只有66%还在农村，农村有34%的劳动力流出来了，这34%和城市的29%是一回事，大概2.6亿人口，这部分人的社会地位没有得到改善，因此影响生育意愿。社会学家对社会流动的定义是父母这一代人对于孩子改善收入地位抱多大的期望。社会流动性差就意味着父母一代对自己孩子改变收入地位的期待并不太高。对孩子期待不高，为什么要把他生出来？因此一些人是不愿意生孩子的。

三、三次分配领域改革可以改善低生育率

1. 初次分配领域。初次分配领域对于改善低生育率最为重要的是户籍制度改革。该项改革能够有效提高城市农民工的社会流动性，稳定工作岗位，并将他们纳入城市的社会保障体系，以此来提高农民工群体生育意愿。

2. 二次分配领域。再分配领域的改革关键在为所有人平等提供公共服务设施和基础保障服务。这有助于缩小贫富收入差距，解除家庭后顾之忧，从而提升低收入群体生育期望。

3. 三次分配领域。三次分配领域除通过企业捐赠、慈善事业和志愿者活动来对社会发展作出贡献外，企业应承担更多的社会责任。例如，通过提供更多就业机会，减少员工加班时间等来提升居民生活满意度，从而提升生育意愿。

建设长者友好型的“慢生活”城市社区环境

任　颋　北京大学汇丰商学院副院长

面对“高龄化”的挑战要突出“优”，面对“少子化”的挑战要突出“促”。“优”是一个过程，有了一定的基础后不断地完善；而从零到一、从无到有就是“促”的问题。所以，可能解决问题的出发点应该是围绕“优”和“促”。

关于“促”。大家现在把很多的关注点都放到三孩，可能是因为这个点的新闻效应。实际上人们的生育意愿应该有一个边际曲线，可能是一个倒U形，从0到1，从1到2，意愿先是增长的，但是我们不知道拐点在哪里，所以2到3可能不见得是一个最终的拐点，也许是3到4，但实际上首先应该解决的是0到1和1到2的问题，我认为重点可能在这里。到拐点之前是有了一个孩子之后更有意愿生下一个孩子，比如日常接触到的朋友中有二孩的还想继续生育三孩，因为意愿拐点还没到。鼓励三孩可能牵引了很多人的注意力，但可能不是最重要的，“促”可能更多还是0到1、1到2的问题，这又涉及几个深层次的观念问题，比如家庭观、婚姻观、就业观等，这是很复杂的社会系统，也涉及各方面的政策和制度的安排。

应对“高龄化”挑战主要是“优”的问题，要逐步地去改善，我想从三个角度来论述我的观点。

1. 高龄化是各国的共性趋势。其本身是社会进步所带来的改变，因为人们的寿命延长了，在健康条件改善的同时能够有效地降低婴儿死亡率、控制恶性疾病、减少战乱。发展中国家和发达国家面临的“高龄化”挑战有一定的差异性，发展中国家关注的是“中等收入陷阱”，出现“未富先老”的情况下，劳动力供应水平下降，生产和收入水平停滞，进而增长停滞，这是“生产端”的挑战。发达国家的情况是怎样的呢？2008 年金融危机爆发，金融泡沫其实是在“二战”后婴儿潮的一代人通过工作、收入增长、投资给推升起来的，当他们要退休变现的时候，后面一代人并没有这样大的体量或者意愿去承接，造成了资产贬值，泡沫难以为继而破裂。也就是说发达国家虽然跨越了“中等收入陷阱”，但它们仍然面临“高龄化”社会的挑战，是“财富端”的挑战。总之，“高龄化”是全球共有的大趋势，我们现在所观察到的东亚地区的高龄化趋势，如何真正拆分出它的驱动因素，从而更好地把握这个大趋势，这本身是一个巨大的挑战。

2. 树立正向积极的理念和意识。首先要积极正向地理解“高龄化”挑战。“高龄化”是人类社会发展的大趋势，随着人的健康条件的改善，所谓“老年”“老龄”的界限定义也在调整。特别是在技术驱动下，原来依赖于体能的工作正在向依赖认知的方向转化，体力上的强度在下降，技术的辅助作用在增强，而对经验和逻辑的依赖也在加强，这都使年龄因素在工作中的重要性下降，人的工作安排也将更为弹性。

3. 建设长者友好型的“慢生活”城市社区环境。在长者人群客观上增长的情况下，城市基础设施和社区环境建设需要有积极的前瞻性的响应和布局，要建设长者友好型的、“慢生活”城市社区环境，来满足人口结构对基础设施、社区软环境和多层次养老服务体系的需求。在城市基础设施建设中引入“长者视角”，更好地满足长者出行需要，如人行道、梯级、过街通道、街区花园、街区康体设施等，推动基础设施更加精细化。在社区软环境建设上，凸显温度和包容度，提供满足长者生活需求的社区服务，营造更安全、便利的社区环境，体现城市生活“慢”的一面。建立多层次的养老服务体系，居家、社区、机构等多种形式结合，同时推动医保覆盖和社会参与。此外，基层养老服务体系建设还有赖于基层政府的支出，也需要从财税体制上提供相应的支持空间。

第五篇

银发经济——中国养老产业的探索与建设

银发浪潮中的中国经济与社会

宋晓梧　中国经济体制改革研究会学术委员会主席

一、中国步入中期老龄化社会

当前，中国面临的老龄化问题已经很严重，而且发展的速度比挪威快，已经步入中期老龄化社会。按照国际通用的划分指标，当一个国家或地区 65 岁及以上人口占比超过 7%，意味着进入了老龄化社会；超过 14%，进入深度老龄化社会；若超过 20%，则为超老龄社会。截至 2018 年末，中国 60 岁及以上的人口高达 2.49 亿人，占总人口的 17.9%；65 岁及以上的人口占总人口的 11.4%；15 岁及以下人口有 2.38 亿人，低于老龄人口。总的来看，目前中国已经步入了中期老龄化社会。

1. 中国可能在 2027 年进入深度老龄化社会。2018 年 12 月，世界银行发布《中国养老服务的政策选择：建设高效可持续的中国养老服务体系》报告，预计到 2027 年，中国 65 岁及以上老年人口比例将从 2002 年的 7%上升到 14%，进入深度老龄化社会。这意味着，中国老龄化速度是非常快的。中国从老龄化社会迈入深度老龄化社会仅需 25 年，而法国经历这种转变用了 115 年，英国用了 45 年，美国用了 69 年。预计到 2050 年，中国 65 岁及以上人口占总人口比重将达到 26%。

2. 中国人口老龄化特点突出。新中国成立后，中国走出了百年战乱，人民得以安居乐业。多子多福的传统观念加上医疗保健的改善，使20世纪50年代出生率提高而婴儿死亡率大幅降低，由此出现了一个生育高峰，导致人口爆炸。后来，由于意识到人口问题的严重性，采取严厉的计划生育政策，取得了一定效果。但是，50年代的人口激增和80年代以来的节制生育必然造成人口老龄化的迅速到来，给中国社会保障带来巨大压力。与其他国家相比，中国老龄化具有两个显著特点。

（1）基数大、速度快。据联合国预测，1950—2000年，世界老年人口增长176%，我国增长217%；2000—2025年，世界老年人口增长90%，我国增长111%。

（2）底子薄、负担重。发达国家的人口老龄化是在人均国民收入较高水平情况下出现的，而且建立了较健全的养老保险体系。例如，美国1935年建立社会保障体系，当时还没有进入老龄化社会；日本进入老龄化社会时，有较充裕的财力建立养老保险制度（1971年，2272美元）。中国的老龄化是在人均国民收入较低的情况下出现的（1999年，873美元），我国在经济还不够发达的时期就要面对快速老龄化问题。

二、银发浪潮中的人力资源与就业

1. 人力资源：从大国转向强国。首先是我们面临着人力资源问题。过去中国是人力资源大国，现在要向人力资源强国转变。同时，中国正经历着快速老龄化阶段，在这个阶段，提高劳动力素质和尽可能地扩大劳动力供给非常重要。从提高劳动力的素质来说，我们还有很大的潜力。根据《中国人才发展报告2017》的数据，高级技术人才占比，日本为40%，德国为50%，中国只有5%，中国高级技工缺口达上千万人。我国于20世纪50年代制定退休年龄，其中退休年龄男性为60岁，女性为55岁，然而目前我国国民的平均寿命比20世纪50年代提高了20~30岁。如何发挥已经退休的人的潜力，可挖掘的余地还很大。

2. 劳动就业：从总量转向结构。从劳动就业来说，中国从就业总量压力转向结构压力。过去每年上千万的新增劳动力，高的时候将近2000万新增劳动力，现在新增劳动力每年在减少200万~300万。总量压力对就业并不大，但是结构调整的压力现在非常大，特别是低劳动力成本竞争转向创新发展的压力非常大。国家统计局数据显示，2011年以来，中国15~59岁劳动年龄人口数量就在持续减少，至2018年的短短7年间少了近4000万。随着结构的调整，包括以制造业为主向服务业为主的结构性转变，经济发展中的产业结构、技术结构的调整，都对劳动力结构调整提出了新要求。所以，在老龄化的背景之下，从总体来看就业压力减轻，但是结构调整的压力很大。因此，稳就业仍然是中国当前经济的头等重要问题。

三、银发浪潮中的养老保险

在进入老龄化社会的背景下，中国的养老保险制度也需要进一步深化改革。从替代率的角度来说，或者是从在职职工与退休人员的比例来说，挪威的数据是67岁以上的非劳动年龄的人口，中国比挪威的差很多。截至2017年末，中国参加基本养老保险的人数为9.15亿人，其中城镇职工基本养老保险覆盖4.03亿人（退休人员1.1亿人），参加城乡居民基本养老保险的人员5.13亿人。2017年基本养老保险收入4.7万亿元，支出4万亿元，累计结余5万亿元。总体看情况还可以，但分省看，一些地方职工养老保险已出现当年收不抵支的情况，分阶段延迟退休年龄应提到议事日程。

1. 尽快实现职工基本养老保险全国统筹。从全国的情况可以看到，我国养老抚养比现在已经从比较高的3.16：1降到2.88：1，不到3个在职人员养1个退休人员。从各省情况看有的比较严重，比如黑龙江，1.26个在职人员养1个退休人员（2017），这种情况要求尽快实现职工基本养老保险的全国统筹。党的十九大报告提出，“完善城镇职工基本养老保险和城乡居民基本养老保险制度，尽快实现养老保险全国统筹”。2018年6月，国务院发布《关于建立企业职工基本养老保险基金中央调剂制度的通知》（以下简称《通知》），提出职工基本养老保险全国统筹迈出第一步。《通知》要求，抓紧制定养老保险全国统筹的时间表、路线图，这对于全国建立统一的劳动力市场，为不同地区企业提供公平、平等的竞争环境，同时发挥社保大数法则作用，举全国之力抵御老龄化风险，具有重大意义。要尽快实现统一缴费率、统一缴费基数、统一征收机构、统一划拨国有资本偿还隐性债务。

经济转型的过程中，企业在发展过程中也感到社会保险缴费的压力较重。为此，中央参照了国际经验，在经济下行压力加大的背景下适当减轻企业的社会保险缴费率。2022年全国“两会”提出，各省可以把养老保险中企业缴费率降到16%。随着缴费率的降低、在职人员减少、退休人员增加，重点在于将原先现收现付转到个人账户积累，实现统账结合的半积累模式；同时，国有资本偿还社保债务应该抓紧实施，这只有在全国统筹的情况下才能办好。

2. 构筑多层次职工养老保险体系。要建立多层次的养老保险体系，不能把所有的责任都压在政府身上。要大力地发展个人储蓄（自愿投保，市场营运）、企业年金（部分强制，税收优惠个人账户，市场营运）、基本保险（法定强制实施，统账结合，费改税）。

四、银发浪潮中的老年康养体系

养老保险问题肯定涉及康养体系。2017 年，国务院印发《“十三五”国家老龄事业发展和养老体系建设规划》，提出“居家为基础、社区为依托、机构为补充、医养相结合的养老服务体系更加健全”。“政府运营的养老床位数占当地养老床位总数的比例不超过 50%，护理型床位占当地养老床位总数的比例不低于 30%。”同时，也可以发展“互联网+养老”，不断创新老年康养新模式。2017 年《关于运用政府和社会资本合作模式支持养老服务业发展的实施意见》中指出，鼓励政府将现有公办养老机构交由社会资本方运营管理。支持机关、企事业单位将所属的度假村、培训中心、招待所、疗养院等，通过 PPP 模式转型为养老机构，吸引社会资本运营管理。鼓励商业地产库存高、出租难的地方，通过 PPP 模式将存量厂房、商业设施及其他可利用的社会资源改造成养老机构。

五、银发浪潮中的儿童福利体系建设

在老龄化社会中，还应特别重视儿童福利体系的建设。目前，我们对儿童福利体系建设重视不够。针对家庭保障功能弱化、生育政策调整以及人口流动性加大等特点，应大幅提高我国儿童福利在社会保障中的地位。要以满足儿童保护需求为重点，加强国家保护、家庭保护、社会保护和司法保护等保护型福利制度安排，加快建立与我国经济社会发展水平相适应的儿童福利体系。

从应对老龄化银发浪潮来说，应该建立儿童福利体系。当前的重点人群是农村的留守儿童、随农民工进城儿童、城镇低收入儿童家庭。为此，要扩大儿童保障范围，分类设立儿童津贴标准，完善大病救助，为重病儿童提供补助；加大政府投入力度，引导社会慈善力量投入，完善儿童福利行政管理体系。

六、银发浪潮中的消费结构

银发浪潮中消费结构也发生了变化，老年人消费占比大幅提升。“旅游老人”“候鸟老人”“学习老人”带来大规模的新消费机遇。比如，在医疗消费方面，原卫计委卫生统计信息中心一项研究报告提出，即便是按 1998 年的医疗实际费用支出计算，人口老龄化带来的医疗需求量负担到 2025 年将增加 47%，如果考虑各年龄组的医疗费用按 GDP 年增长率同比增长，我国医疗需求量费用到 2025 年将达到 6 万亿元，占当年 GDP 的 12%左右。此外，中国“4：2：1”人口结构快速步入深度老龄化社会的阶段，对房地产的发展前景也具有一定的影响。

七、银发浪潮中的文化与伦理

人口年龄结构的变化对社会伦理和道德信仰有潜移默化的深远影响，这也是一个深层次的社会问题。

我国步入老龄化社会，将带来全社会的文化与伦理的影响与转变。这是我们应该高度关注的，但现在关注还不够。

总的来说，要看到一个大的背景，就是当代中国转型的三重奏：一是经济体制由计划经济向社会主义市场经济转变；二是产业结构由农业向工业、服务业转变；三是人口结构由年轻向老龄化转变。其中，产业、人口的转型是共性的，体制的转型是特性的，体制的转型深刻影响了产业、人口的转型，同时基于产业、人口的平台上展开。

中国转型三重奏在没有现成乐谱的背景下出演，难免有“走板”之处，但主旋律激昂澎湃、响震四海，为人类文明发展史谱写了极为精彩的乐章。如果我们把问题放到这三个大的结构调整中来看，就可以更加清晰地认识很多问题。

走出养老服务低水平均衡陷阱

林　宝　中国社会科学院人口与劳动经济研究所养老与保障研究室主任

在分析中国养老服务发展时，我们经常有这样的困惑：为什么中国有如此规模巨大的老年人口，而养老服务业却发展不起来？

从第七次全国人口普查来看，我国60岁及以上人口已经达到2.6亿，确实是非常大的规模，而且老龄化速度非常快。老龄化过程中高龄老人的增长速度快于全体老年人的增长速度，所以整个老龄化形势是非常严峻的。特别是在规模如此发展的情况下，会直接带来养老服务需求的急剧增长，这个增长可能有三方面的效应。

一是规模效应。老年人口的增多必然带来需求增长，即便其他因素不变也会带来增长。2010—2020年，中国65岁及以上老年人口的增长率超过60%，应该说规模效应很明显。

二是结构性效应。高龄老人的增长快于老年人口整体的增长会产生结构效应。这是因为高龄老人的护理需求、养老服务需求比年轻老年人更大。如果我们把不同年龄老年人口的失能率画一个人口金字塔，会看到底部小、上面大，像一个陀螺。特别是在80岁及以上急剧扩大，底下像小钉子一样的脚，主要是80岁及以上快速增长。

三是乘数效应。主要是指老年人需求升级带来的增长，流动人口导致的家庭和老年人的分离、家庭缩小，老年人收入提高等都会带来养老需求、社会养老服务的增长。

但是，从供给的角度来看，情况也并不乐观。从养老机构来看，我国床位空置率非常高。民政部2020年的社会服务统计公报里发现，整个的机构养老床位数空置率超过50%。对于一些地方的调研，我们也发现了这一点，空置率非常高。养老机构实现盈利的非常少，跟整个产业发展前景是不相符的。从社区来看，很多的社区几乎就没有任何养老服务，覆盖率很低。比如养老驿站实际上本身覆盖率不高，服务的覆盖也很少，很多地方可能都没有。另外，实际上老年人对服务提供的利用率很低，有这种需求，甚至有这种服务，但并没有真正去利用。也就是说，巨大的养老需求并没有带来养老产业的兴旺。

为什么出现供需的这种矛盾现象？首先是人们对老年人的需求有一个错误的认识，像很多研究去推算养老产业规模的时候，都是简单地将老年人口规模乘以老年人均收入等。但是，这些老年人从年轻过来，很多消费是自然的延续，他们和年轻人的消费很多没有太大区别，比如吃饭、穿衣等，很多不是产生特殊的有别于一般社会服务的需求，所以做特定服务需求的时候是看不出来的。也就是说，很大一部分没有特定的养老服务需求。另外，即便有需求，受需求实现条件的制约，并非所有的老年人都有能力实现自己的潜在养老服务需求，一方面是因为收入的限制，很多有养老服务需求的人也实现不了，在价格上有门槛；另一方面有些因为便利性实现不了。所以真正的需求，跟理论上简单用老年人的数量去推算的需求还是有很大差异的。

在供给侧，因为这是新的产业，很多人不了解，所以供给很多针对性不强，存在供给错位现象。养老服务供给错位是指养老服务市场上的供给与需求明显不匹配，出现结构性的短缺或过剩现象。当前，养老服务业的供给侧出现了几个明显的错位现象：一是对象不准，存在“避重就轻”现象，大多数项目将服务对象锁定为服务相对简单的健康老年人，而有意无意忽视更需要服务却服务难度相对较大的失能、半失能老年人。二是内容不对，存在“挂羊头卖狗肉”现象，一些项目打着养老服务旗号，却并非真正的养老服务项目；还存在“删繁就简”现象，大多提供一般化、可替代性较强的日常生活服务，而较少提供有一定专业性的照护服务。三是质量不高，存在“得过且过”现象，市场上个性化、针对性强的高质量养老服务仍然十分难寻，服务多限于满足老年人的基本需求，对老年人缺乏足够的吸引力。养老服务供给错位导致有限的养老服务资源出现闲置，同时部分有效需求不能得到实现，最终拉低市场的供需均衡水平。

需求错觉和供给错位只是表面的原因，真正深层次的原因在于养老服务业低水平均衡陷阱。这个低水平均衡陷阱本来是说分析低收入国家的人口收入、人口增长的关系时提出的，主要是说低收入国家收入增长导致人口增长，人口增长反过来拉低人均收入，强调是内部有一个自约束机制，影响收入增长。养老服务业中也有这样一个机制，存在相对难以解决的矛盾，它是特殊性的服务供给，成本相对来说要高一些，与老年人相对较低的收入水平之间就形成了一对矛盾。

这一对矛盾的存在，导致养老服务业低水平均衡陷阱的产生。这是因为，在没有外在因素干预的情况下，养老服务双方任何一方扩大养老服务规模的努力最终都会导致养老服务规模的萎缩。当供给方试图降低价格以获得更多的消费者时，低价格必然导致供给方要降低成本，在高成本具有刚性时，降低成本意味着必须降低服务质量，而服务质量的下降则又会带来需求的下降，进而造成整个养老服务市场的萎缩。当需求方试图按照与供给成本相适应的价格购买养老服务时，由于存在收入约束，一项需求的满足可能会导致另一项需求无法满足，最终导致对需求的抑制，引起养老服务市场规模的萎缩。因此，养老服务业只能在“低水平均衡陷阱”中徘徊。

走出养老服务低水平均衡陷阱，重点是要解决养老服务中供给侧的高成本与需求侧的低支付能力之间的矛盾。因此，政策的着力点有两个：一是从需求侧着手，重点是“提低”，即要提高老年人的养老服务支付能力或是分担其支付负担；二是从供给侧着手，重点是“削高”，即要降低养老服务的供给成本。

需求侧的支持政策有两个层次：第一层是提高老年人的收入水平，这需要建立一个由养老金制度、个人储蓄、家庭支持和社会救助组成的多层次体系。第二层是分担老年人利用养老服务的负担，这一般需要通过社会保险机制实现。社会医疗保险制度可以分担老年人的部分医疗费用，长期护理保险制度则可分担老年人的长期照护费用。

养老服务供给侧的支持政策也有两个层次：第一层是维护公平的市场环境，确保不额外增加养老服务供给成本；第二层是直接降低养老服务供给的成本。公平的市场环境是产业获得大发展的保障，也是确保没有额外成本负担的必要条件。公平的市场环境是指即便没有给予养老服务业发展更为优惠的政策措施，起码也必须为养老服务业各供给主体提供一个公平竞争的市场环境，在市场准入和产业政策上维持公平、公正，保障各类主体在市场上自由竞争。降低养老服务的供给成本也涉及一个多层次的政策机制。一方面，可以降低养老服务供给的交易成本。如简化程序、优先、建立信息沟通机制等；另一方面，直接降低养老服务供给的直接成本。可采取的政策措施包括优惠、免费和财政补贴等。如可以对养老服务企业进行税费减免，对其使用的水、电、土地或公用设施费用实行优惠措施，对养老服务提供方实行直接的财政补贴等。

老龄社会条件下的经济和产业

党俊武　中国老龄科学研究中心副主任

从全世界范围来看，以国家战略名义来应对老龄化的国家并不多。日本和欧美发达国家中，除日本外，其他基本没有国家战略，所以中国在这方面应该是动作比较大的。

我们在制定中国老龄事业和产业的“十四五”规划。我个人主要围绕经济领域来谈一谈，到底进入老龄社会以后，不光是“十四五”，两个十五年乃至更长一段时间内，中国经济上会有哪些变化？

一、认清宏观经济走势

2021 年 3 月 11 日，李克强总理在“两会”答记者问时提出，中国的老年人口已经有 2.6 亿，老龄产业可以说是一个巨大的朝阳产业，它带来了多样化的需求。2016 年，习近平总书记在十八届中央政治局第三十二次集体学习时谈到的两个观点非常重要：一是要挖掘人口老龄化发展过程中的机遇，二是培养老龄产业新的经济增长点。

关于未来的经济走势，一是要看科学技术的变化，二是要看其他的变化，但最主要的是要看人口的变化。未来的人口形势是老龄社会，所以未来经济的情况，就未来的经济走势从长远角度来看，未来就是老龄社会代表的新的需求结构，这是未来经济的走势。

从国内的消费来看，主要看中老年人的消费，银行资产方方面面的拥有者主要还是中老年人，他们是社会财富的拥有者。未来的内循环主要就是怎么样让中老年人消费。现在有一个提法叫“银发经济”，主要指的是老年人经济，未来的中老年经济，不光是中国，全世界未来的经济怎样能让中老年人进行消费，这就是我强调的老龄经济，未来经济的主流经济应该就是老龄经济。

二、认识老龄产业

认识老龄产业，或者说从产业的角度认识老龄经济的成长性，不是说老龄经济在原有的经济里面增加几个新板块，它是一个结构性的、系统性的调整。在这里面，有几个领域可能是目前来看比较有成长性的。

一是老龄文化产业。文化产业可能比我们想象得还要大。在中国，类似广场舞协会的组织成员很多，他们既是消费的决策者，又是消费的执行者。很多银行、保险公司，包括保健品销售商都找这些协会做工作。由此可见，老龄文化产业比我们想象得大。

二是老龄健康产业。这里的老龄健康产业不是现在的大健康产业，大健康产业主要指原来西医引领下的那一套概念，比如那么多老人住ICU，需要长期护理。但是，这不是我们真正“健康中国”要的健康产业。因此，世界卫生组织提出“健康老化”的概念。老龄化战略提出来以后，我们提出的“主动健康”概念，包含了很多中国元素。所以老龄健康产业是一个全新的产业。

三是老龄宜居产业。这不仅是指对厕所、厨房等进行适老化改造，而是指下一步整个社会的不动产体系怎样适应老龄社会的要求，进行改造的问题。

四是老龄制造业。从日常用品到出行、体育，到健康管理，一直到医疗康复、护理，以及文化旅游，但不能仅限在老年用品、养老用品这一领域。中国是世界上最大的保健品销售市场，但是我们的市场份额当中主要是中低端产品，高端的保健品市场基本被国外占领。其实，老龄制造业中的内容非常丰富。

还有老龄服务产业，养老服务，面对失能老人进行长期照护的方方面面。

当然，还有老龄金融产业，主要包括两大板块：一是 40~59 岁的人为了自己今后的老年生活购买的银行保险信托等产品。美国相关的金融产业占比远远超过美国的 GDP。二是储蓄。现在的居民储蓄里，有很大的一部分是老年人的储蓄产品，这样的产品通过金融手段如何实现保值增值？这两大板块是未来老龄产业中最有成长力的，老龄产业现在刚刚开始成长，中国这几个产业都在发展，相对来说，老龄健康产业起步较早，老龄服务产业这几年发展迅速，但存在不少问题，其他产业板块发展缓慢。

三、老龄经济和老龄产业

从 2000 年到现在，老龄经济或者说老龄产业也面临很多挑战。首先，供给双方旧有的经济观念问题。很多投资人对房地产很熟悉，但是进入养老产业就一筹莫展了。老龄经济是新经济，但是很多投资人进入这个行业以后，用的是产业那一套旧观念，产业模式也是旧的。

现在的经济主要是快经济，但是老龄经济是慢经济。比如养老院建设，西方从产业的角度来讲，做成产业需要一千张到一万张床位，甚至更多。但是我们现在国内搞养老院，动不动就是占多少亩地，投多少亿元资金，导致无法快速收回成本。另外，我们现在的经济主要是短经济，但是老龄需求是长需求。

因此，要转变观念，我们现有的经济基本上还是年轻社会的经济观念。但是面对老龄社会的新需求，我们很多政府企业包括我们老百姓，老年人、中老年人都不知道自己需要什么。这确实是一个需要转变观念的问题，从发展老龄经济的角度，以及国家战略的角度来讲，发展老龄经济实际上是一个持久战略。真正重要的问题是要弄清楚老龄经济随着人口结构的改变带来的新的需求结构的变化。其最核心的问题还是要从供给侧的角度，从战略定位，尤其是商业模式方面需要重新考量。最后，关于产品和服务，最主要的还是老龄制造业的产品，我国现在鲜有像样的能够针对中老年人的产品，尤其是服务老年人的制造产品。

综上所述，一是从长远角度来说，老龄经济、老龄产业可能是未来的主流经济，也是主流产业。二是我们现在做的也只是刚刚起步，存在很多问题。应对老龄社会发展、发展老龄经济方面还没有国际大师。日本和北欧国家的很多做法，也值得我们认真学习。

海南在深化中日健康产业中大有可为

迟福林　中国（海南）改革发展研究院院长

改革开放40多年来，我国实现了由短缺经济社会向消费新时代的历史性跨越，超14亿人的健康服务需求全面增强，健康服务业发展成为消费新时代的重大任务。在这个特定背景下，深化中日医疗健康产业合作，将释放中日经济贸易合作的巨大潜力。海南从自由贸易试验区走向自由贸易港，把依托优良的生态资源环境，加快健康服务业市场开放作为重大任务。因此，中日医疗健康产业合作在海南将大有可为。

（一）我国健康服务消费需求快速增长带来重要机遇

随着中国城乡居民收入水平的不断提高，城乡居民消费结构由物质型消费为主向以健康、医疗、养老等服务型消费为主加速升级。预计到2020年，中国城镇居民服务型消费需求将由目前的45%左右提高至50%左右，突出表现为在养老、养生、保健、康体、疗养、康复等健康服务型消费的全面快速增长。

中国老年人口规模的长期持续快速增长，带来了巨大的医疗健康和养老服务需求。预计到2020年，中国60岁及以上人口将达到2.55亿左右，占总人口的17.8%左右；2030年60岁及以上人口预估占比为25%。有报告提出，到2050年，中国60岁及以上人口将达到4.8亿，约占届时亚洲人口的2/5、全球人口的1/4，比现在美、英、德三个国家人口总和还要多。2017年，中国包括医药产业、医疗服务、保健品产业、健康养老产业和健康管理服务产业在内的健康服务业市场规模大约仅为4.9万亿元，占GDP的比重只有5.9%。但从最近几年增长的趋势来看，中国的健康服务业有望在未来发展成为全球增长最快、规模最大的健康服务市场。估计到2020年，中国大健康产业市场规模有望达到10万亿元，2030年有望达到16万亿元。

中国健康服务消费需求的不断增长，形成中日健康服务业合作的重大机遇。日本已连续多年在世界卫生组织全球医疗水平评比中位居第一，并且相对于欧美发达国家，日本健康服务的理念、技术手段、习惯和标准等方面比较符合中国城乡居民的健康服务消费习惯和偏好。当前，日本已经成为中国居民境外购买健康服务的重要市场之一。在这个背景下，中日健康服务业的互补性将成为两国深化产业合作的重要领域，并具有巨大的合作潜力。

（二）海南有条件成为中日医疗健康产业合作的重要区域

随着人们对生态环境要求的不断提升，海南生态环境与气候条件优势全面凸显，全国城乡居民对海南的健康服务消费需求不断增长。由此，“到海南过冬”“到海南养老”“到海南养生”“到海南疗养”“到海南超级医院和301看病”“到海南深呼吸”等，开始成为相当一部分人的追求。2017年，来海南过冬的“候鸟”人数就已达到165万人。此外，估计逐步会有越来越多的俄罗斯、中亚国家和东南亚国家中高收入者把海南作为健康服务消费的重要目的地。目前，来自俄罗斯、吉尔吉斯斯坦、乌兹别克斯坦、塔吉克斯坦、哈萨克斯坦、乌克兰等国的游客有所增多，其中，相当一部分游客到海南享受传统的中医药养生保健和康复疗养服务。

2013 年，国务院正式批复海南设立博鳌乐城国际医疗旅游先行区，成为中国医疗健康产业最为开放的地区。海南在加快把先行区打造成为国际化高端医疗合作中心的同时，有望把先行区的某些政策向全岛推开。这样，海南就可以为中日医疗健康产业合作提供重要条件。

（三）在海南努力实现中日医疗健康产业合作的新突破

超 14 亿人在健康服务方面的需求日益增长，客观要求医疗健康产业的扩大开放及其制度创新要有新突破，而这些方面的突破有可能率先在海南落地。

海南要率先引入日本医药、医疗器械、养老用品、保健品、健康管理服务、医疗服务、老年保健服务等医疗健康产品服务的标准体系，使日本的药品、医疗器械、老年产品、保健品及各种医疗健康服务技术能很快获批进入海南。

海南要加快实现与日本健康服务行业管理标准、规范化技术和程序及市场监管执法标准的直接对接。

海南要在国家的支持下，逐步扩大进口力度，在免关税从日本进口癌症药品及医疗器械的前提下，大幅降低甚至取消进口环节增值税。

海南需要实行医疗健康产业项下人员自由流动政策，允许具备资格条件的日籍医生在除博鳌外的岛内其他地区自由执业，允许经认定的日本医院通过远程手术等方式为海南相关医疗健康机构提供跨境医疗协作，允许具有相应技术技能的日本医护人员在海南就业。

健康产业的发展离不开保险的支持。建议加快引进日本商业保险机构在海南设立分支机构，为海南医疗健康产业提供多样化、专业性、高品质的医疗健康保险服务。

研究借鉴日本介护保险的经验，支持海南在全国率先建立长期护理保险制度。

医疗健康产业发展直接依赖于健康职业教育合作。建议在海南探索建立中日健康职业教育联盟，通过委托代培、职业培训、教师互换等多种方式，加强与日本在健康管理、健康职业教育和健康服务技术研发等领域的全面合作。

建议中日相关方面及企业联合在海南创建以健康检查、康复医疗为重点的中日健康小镇，为中日医疗健康产业合作提供示范。

“银发经济”的挑战与海南发展机遇

张占斌　中央党校（国家行政学院）马克思主义学院院长

“银发经济”是专门为老年人消费服务的，过去也称“银发产业”、老年产业、老龄产业等。其范围十分广泛，包括卫生健康服务、家政服务、日常生活用品、保险业、金融理财、旅游娱乐、房地产、教育、咨询服务等各个领域。

随着中国社会老龄化步伐加快，“银发经济”呈现蓬勃发展之势，也多被商家称为“朝阳产业”。有投资者说：“人类在18世纪发现了儿童，19世纪发现了妇女，20世纪发现了老年人。”为什么这么说呢，是因为18世纪时，资本主义国家发起了对童工、学徒的立法保护；19世纪时，掀起了妇女解放运动；20世纪时，一些发达国家出现了人口老龄化现象，进入了老龄化社会。从国内情况看，我们也到了研究“银发经济”的时候。近年来，中国人口同样在急剧老龄化。2018年中国60岁及以上人口又增加了859万人，达到将近2.5亿人，占总人口的17.9%，也比2017年高了0.57个百分点。其中65周岁及以上人口达到1.67亿人，占总人口的11.9%。

我国已经进入老龄化社会。按照国务院起草的人口发展规划，预计到2030年老年人口将占人口的1/4，届时我国将进入深度老龄化社会。根据预测，到21世纪中叶，我国老年人口将增至4.87亿人，老年人口将占总人口的1/3。这么大规模的老年人口，成为我们研究“银发经济”的大的社会背景。

一方面，老龄化社会给经济社会发展带来较大的挑战。一是造成劳动适龄人口规模减小，劳动力短缺和老化，影响经济增长，这方面大家已达成共识；二是健康状况形势越来越严峻，老龄服务所需要的社会支出越来越多，民政部统计数据显示，与2016年相比，2017年享受高龄补贴的老年人同比增长13.9%，享受护理补贴的同比增长51.5%，享受养老服务补贴的同比增长25.3%，增长幅度很大；三是人口的老龄化和高龄化以及人口死亡率的持续下降，使人口平均预期寿命不断延长，这对医疗保障、日常护理以及生活照料的需求成倍增长，进一步加重了卫生系统、社会和家庭的经济负担。

另一方面，我们也要看到老龄化社会带来的机遇。“银发经济”是指围绕老年群体展开的一系列消费行为与经济现象，其对经济社会有正向促进作用。一是带来了新的消费人群。瑞士信贷银行指出，在几乎所有的发达国家，60岁及以上消费者的人均消费额超过了25岁至64岁年龄层平均水平。未来20年，老年人的可支配收入还将大大增加。这里面，主要是因为老年人没有住房、子女教育等刚性支出；二是激活了新的消费领域。老年群体提供了大量卫生保健领域的经济和商业机会，包括金融服务业、消费品、旅游休闲、服务和药品，还对生物技术、设备、制药和护理服务领域的发展有很大的正向拉动作用。比如，大家都知道，在日本，机器人被广泛应用于养老康复，这也直接带动了机器人产业的发展。

现在很多人、很多地方、很多企业也都看到了“银发经济”的发展机遇。从国家看，比如日本是众所周知“银发经济”比较发达的国家。“银发一族”是当今日本社会最为富裕的人群之一。目前，日本过半金融资产受老年人掌控。从企业看，国内的阿里巴巴、腾讯等大公司，都把智慧医疗、养老作为企业重要的发展方向；国外很多机构对这方面也很重视，比如苹果公司发布的新手表就添加了心率监测和跌倒检测应用，将目标用户对准较为年长的消费者。这方面有很多例子。

把这个话题转到海南，我认为海南具有发展“银发经济”得天独厚的条件和优势，主要体现在三个“好”字。一是环境好。海南一年只有春夏秋三个季节，冬天最冷的时候一般也有十几摄氏度，而且海南空气好，空气中负氧离子含量高，海口、三亚这些城市是全国空气质量最好的城市。二是基础好。这里的基础不仅是指基础设施，还有海南已经发展了很多年的“候鸟式旅游”“候鸟式过冬”，已经形成了比较完整的产业链，产业培育也比较成熟，具备规范发展、深挖发展的潜力。三是政策好。特别是中央给海南的大礼包，全岛建设自由贸易试验区和自由贸易港，这一政策利好，最直接、最大的受益者就是海南国际旅游岛建设，这也为海南发展“银发经济”提供了政策助力。

海南发展“银发经济”必须充分发挥自身优势，我认为可以从以下三个方面着重发力。

第一，发展老年人的休闲旅游。发展老年人休闲旅游有很多好处，一是休闲旅游产业是低耗能、低排放的产业；二是休闲旅游是有条件的老年人集旅游、休闲、娱乐于一体的生活方式，能推动现代旅游向更舒适、高端、多样化发展；三是可以进一步培育休闲旅游产业链，加快海南旅游业与全国各地、国际全面接轨的步伐，提高国际旅游岛建设的质量。目前，海南在长期休闲旅游和分时度假旅游方面有一定的基础，下一步应从两个方面发力。一是夯实服务老年人休闲旅游的基础。比如，多设置一些面向老年人的医疗卫生机构，能够处置老年人的一些突发身体状况；多在公共区域配置一些医护用品；多设置一些无障碍设施；多设置一些面向这部分群体的医疗险种。总之，要让老年人感到方便、放心。二是培育品牌。根据品牌产业化理论，一个品牌能够衍生一个行业，进而形成产业链。要积极打造具有海南特色的、叫得响的老年休闲旅游品牌，让具有经济基础的老年人心向往之。通过品牌打造，规范餐饮、医疗等产业发展，进而扩大内需，形成新的经济增长点。

第二，发展老年人养生养老。海南有优质沙滩、天然海水资源、迷人的热带雨林和宜人的气候，自然生态环境好，是常年养生养老的好去处。养生养老产业具有很强的虹吸效应，往往一对老年人在此居住养老，会吸引子女和朋友前往。对此要坚持做好两点：一是要稳住房价，坚持“房住不炒”，只有稳住房价才能打击投资客，才能让更多有一定经济实力的老年人前往；二是发展配套环境，积极推动交通、医疗、地产、信息、娱乐、餐饮等配套产业发展，为老年人养生养老定居提供便利。

第三，发展老年人消费购物。中国人在旅游的时候所释放出的购买力是巨大的，对于具有一定经济基础的老年人，海南更要做好国际旅游岛这篇文章，把“离岛免税”“离境退税”政策执行好。这两年，中央对海南国际旅游岛建设很重视，仅在免税方面就给予了很多政策，上限额度不断提高，免税清单不断加长，应该说利好政策不断。但对于服务老年人消费，还要有所侧重。一是丰富产品类别，多增加像视力训练仪、助听器、家用呼吸机、按摩设备等面向老年人的产品；二是做好销售服务，老年人对手机扫码支付等新技术掌握的相对较差，眼神、脚力总体也比不上年轻人，这时就需要我们的服务能够跟上；三是做好市场监管，特别是严厉打击针对老年人的坑蒙拐骗行为，让老年人买得放心、买得舒心。

探索建立中国特色长期护理保险制度

姜春力 中国国际经济交流中心党委副书记

2019年6月，联合国经济和社会事务部（UNDESA）在《2019年世界人口展望：重点》的报告中，分析了全世界235个国家或地区的历史数据和人口趋势，认为世界人口在继续老龄化，65岁及以上人口成为增长最快的年龄组。2019年，全球65岁及以上的老年人占比是9.1%。预计到2050年和2100年，这一比例将分别达到15.9%和22.6%。

根据1956年联合国发布的《人口老龄化及其社会经济后果》确定的划分标准，当一个国家或地区65岁及以上老年人口数量占总人口比例超过7%时，则意味着这个国家或地区进入老龄化社会。按此标准全球人口已进入老龄化时代，并将贯穿整个21世纪。

应对人口老龄化已成为世界各国的共识。1982年联合国在维也纳召开第一次老龄问题世界大会，通过了《老龄问题国际行动计划》。1991年联合国大会通过了《联合国老年人原则》，确立了关于老年人地位五个方面的普遍性标准：独立、参与、照顾、自我充实和尊严。进入21世纪，全球人口老龄化速度加快，2002年联合国在马德里召开第二次老龄问题世界大会，总结维也纳会议后20年来各国在老龄问题上的行动进展，通过了《老龄化马德里政治宣言》和《老龄问题国际行动计划》，将积极老龄化观念纳入各国发展框架。

2000 年，中国进入老龄化社会。中国政府高度重视老龄工作，2021 年 3 月，十三届全国人大四次会议通过的《中华人民共和国国民经济和社会发展第十四个五年规划和二〇三五年远景目标纲要》提出“实施积极应对人口老龄化”国家战略，探索建立长期护理保险制度是积极应对人口老龄化的一项重要政策举措。

一、政策：中国政府积极建立长期护理保险制度

2016 年 3 月，第十二届全国人大第四次会议审议通过的《中华人民共和国国民经济和社会发展第十三个五年规划纲要》提出“探索建立长期护理保险制度，开展长期护理保险试点”。

2016 年 6 月，为贯彻党中央、国务院关于开展长期护理保险制度试点工作部署，人力资源和社会保障部印发《关于开展长期护理保险制度试点的指导意见》，2016—2018 年，在全国选择了上海、重庆、成都等 15 个试点城市和山东、吉林 2 个重点联系省份开展为期两年的长期护理保险制度试点。

2016 年 10 月，中共中央、国务院印发《“健康中国 2030”规划纲要》，提出“推动居家老人长期照护服务发展，全面建立经济困难的高龄、失能老人补贴制度，建立多层次长期护理保障制度”。

2016 年 12 月，国务院印发《国家人口发展规划（2016—2030 年）》，要求“探索建立长期护理保险制度，开展长期护理保险试点。全面建立针对经济困难高龄、失能老年人的补贴制度，做好与长期护理保险的衔接”。

2017 年 2 月，国务院印发《“十三五”国家老龄事业发展和养老体系建设规划》，进一步提出“探索建立长期护理保险制度。开展长期护

理保险试点的地区要统筹施策，做好长期护理保险与重度残疾人护理补贴、经济困难失能老年人护理补贴等福利性护理补贴项目的整合衔接，提高资源配置效率效益。鼓励商业保险公司开发适销对路的长期护理保险产品和服务，满足老年人多样化、多层次长期护理保障需求”。

2019 年 3 月，国务院总理李克强在第十三届全国人民代表大会第二次会议上做的政府工作报告中，针对我国人口老龄化的现状，提出“扩大长期护理保险制度试点，让老年人拥有幸福的晚年，后来人就有可期的未来”。

2019 年 6 月，《国务院关于实施健康中国行动的意见》中提出，健全老年健康服务体系，完善居家和社区养老政策，推进医养结合，探索长期护理保险制度，打造老年宜居环境，实现健康老龄化。

2019 年 8 月，中国国际经济交流中心（以下简称国经中心）受国家医疗保障局委托，承担“我国长期护理保险制度试点评估”任务，2020 年 4 月完成评估报告。针对试点评估中发现的问题，建议扩大长期护理保险制度试点范围，进一步探索完善相关体制机制。

2020 年 9 月，国家医保局、财政部印发《关于扩大长期护理保险制度试点的指导意见》，新增北京石景山区、天津市、新疆维吾尔自治区乌鲁木齐市等 14 个市（区），在制度框架、政策标准、运行机制、管理办法等方面继续进行探索。

二、现状：开展长期护理保险制度建设试点探索

15 个开展长期保险制度试点城市较好地解决了失能人员长期护理保障需求，制度保障功能初步显现。

（一）参保范围和保障对象

各试点城市制度覆盖范围主要是城镇职工基本医保参保人群，部分地区扩大到城乡居民基本医保参保人群，重点解决重度失能人员基本生活照料和与基本生活密切相关的医疗护理等所需费用。参保人员中，职工占多数，居民占少数，老龄人口（退休人员和60岁及以上居民）占参保人数的20%以上。在保障对象方面，多数地区保障重度失能人员，有部分城市扩大到中度失能人员，也有少数城市扩大到重度失智人员。

（二）筹资机制

试点城市按照权利义务对等、社会互助共济、各方责任共担原则，探索建立多渠道筹资机制，通过优化职工基本医疗保险统账结构、个人和用人单位缴费、划转医保统筹基金结余、政府财政补助、慈善公益捐助等途径筹集资金。各地根据当地实际情况，采取了不同的筹资方式，筹资主要来源是医保基金，部分来自个人和财政。

（三）失能评估

失能人员照护需求评估是提供长期护理保险给付的前提和依据。目前，多数试点城市采用巴氏量表进行失能评估，部分城市采用自制研发的失能评估工具进行失能评估。个别城市同时采用巴氏量表和自制研发的评估工具，综合两种评估工具的评价结果做出评估等级结论。

（四）待遇支付

试点城市根据当地经济社会发展水平、护理服务需求、产品供给等，基本形成以护理服务为主、现金补贴为辅的待遇支付形式。主要护理服务形式有医疗机构照护、养老机构照护、居家上门照护等。部分城市对自助居家护理进行现金补贴。

（五）服务管理

试点城市在经办管理、需求评估管理方面采取不同的方式。

经办管理，多数试点城市引入商业保险公司经办管理，少数城市由医保经办部门直接经办管理。需求评估管理，形式多样，有的城市委托医疗机构评估，有的城市委托劳动能力鉴定机构评估，有的城市委托第三方独立机构评估。如有的城市委托人社局建立资格评定委员会评估专家库，评估时从中随机抽取专家进行评估；有的城市从医保局建立的失能评估专家库中抽取专家进行评估；还有的城市委托司法鉴定中心进行评估。

（六）重视信息系统建设实施智能化和网络化管理

多数试点城市开发了长期护理保险信息管理系统，加强部门间信息共享，确保基金安全；建立智能供需网络服务平台，开通在线业务办理通道，为失能老人及其家属提供便捷的经办服务；推广应用智能移动设备，实现失能人员与家属、照护机构与服务人员、照护保险服务中心、医保经办机构、辅具租赁公司等环节的互联互通。

如建立信息化全流程网上经办机制，实现待遇申请、等级评估、费用审核拨付等服务全程零跑腿；建立信息化智能监管机制，通过手机智能监管 App、GPS 定位、指纹图像采集、人脸识别等技术手段，在申请受理、失能评定、服务监管、质量评价过程中实现全程智能监控；采用“互联网+政务”纯云端模式，实现了档案一体化、服务一体化、标准一体化和支付结算一体化，实现业务监管智能化、便捷化。

三、效果：长期护理保险制度试点取得初步成效

（一）失能老年人家庭照护压力和经济负担得到减轻

长期护理保险制度的实施，为失能老人提供有效居家照护服务，增强社会化照护服务供给能力，促进了长期护理服务体系发展，初步形成以居家为重点、机构为辅助，兼顾生活照料和医疗护理，医养结合、医护结合的照护服务供给体系，使失能老人可以得到专业护理服务，减轻了家庭照护压力。

（二）节约医疗资源，提高了医保基金使用绩效

失能人员的医疗费用得到有效控制，大量住在ICU的重病老人和长期住院的慢性重病老人，转到医养照护机构和家庭接受照护，缓解了“社会性住院”。

（三）培育医疗与养老机构结合新动能，带动社会资本加快投入发展医养照护产业，扩展了就业渠道

长期护理保险制度的实施，一是为定点服务机构提供了政策和资金支持，推动部分一、二级医院转型，增强了传统养老机构医疗护理的功能，促进了医养结合发展。二是对定点服务机构进行政策引导，增强了服务机构居家医疗护理服务能力，使享受居家照护待遇的老人，在家里既能得到基本生活照料，也能得到医疗照护服务。三是引导社会资本投资医养照护服务产业，拉动社会化医养照护机构的迅速发展。四是产业发展创造了大量新的就业岗位，吸引公立医院管理人员、转岗再就业国

企职工、应届大学生、农民工等各类人员进入相关行业。

四、问题：需要继续探索完善的相关制度

（一）多元化筹资机制仍需要探索创新

制度试点主要筹资来源为医保基金，导致未来基金运行可持续性面临挑战。部分试点城市没有明确个人缴费责任，导致这些地区在筹资机制建设中，存在权利义务不对等、筹资责任分担不合理的制度缺陷。

（二）部分试点城市制度引导产业效果尚未显现

对于多数试点城市，长期护理保险对相关产业有明显的带动作用，但部分城市制度对社会资本投资照护服务产业的引导促进作用较弱。部分城市存在服务体系建设和产业发展滞后，护理服务供给不足，受过技能培训的专业照护人员短缺等问题。

（三）各类涉老社会保障制度功能缺乏衔接

试点中未能将养老服务补贴、高龄补贴、老年残疾人补贴等财政投入的涉老津贴与长期护理保险进行有效整合，发挥长期护理保险制度平台优势、实现集约财政资源提高资金使用效率的目的未有效实现。

（四）失能评定和待遇保障缺乏全国指导性标准

各试点城市采用较多的失能评估工具是巴氏量表，也有部分城市自制研发评估工具，缺乏全国统一的失能标准评估体系。各试点地区待遇标准缺乏基本服务项目指导目录，影响建立全国统一的长期护理保险制度。

（五）部分开展试点城市调研准备不够充分

一些城市对当地人口老龄化水平和失能失智人群数据掌握不充分，制定待遇享受水平和保障范围的分析不够深入，对筹资能力、渠道和财政可负担能力等缺乏精算研究，导致制度实施一段时间后，出现基金运行不可持续的问题。

五、建议：在扩大试点中探索完善的体制机制

长期护理保险制度经过三年多的试点，总体看制度运行平稳，取得积极成效，但也存在一些需要完善的制度性问题，需要通过扩大试点继续探索相关的体制机制，建立符合中国国情、具有中国特色的制度模式和政策框架。

（一）探索建立责任共担可持续独立筹资机制

应将长期护理保险作为社会保障制度框架中的一个独立险种。按照权利义务对等、社会互助共济、各方共担责任的原则，探索建立可持续独立筹资机制，由个人、用人单位和财政合理分担责任，保证制度未来长期可持续。试点阶段，做到当期基金收支平衡，略有结余，控制筹资标准上限。

（二）运用市场机制引导带动相关产业发展

政府应引导社会各方力量共同参与长期护理保险制度建设，运用市场化机制拉动社会资本投入，带动产业发展。探索政府主导、社商合作、市场培育的经办方式，委托覆盖面广、信誉良好的商业保险机构参与经办管

理，发挥第三方机构的优势。政府主管部门不参与具体事务性的工作。

（三）完善不同部门之间涉老资金政策衔接

国家财政资金投入既要为相关人群提供政策保障，也要避免重复享受。应在长期护理保险制度平台上，将分布在不同部门的养老服务补贴、高龄补贴、老年残疾人补贴等政策性资金补贴整合优化，提高政府涉老补贴资金使用效率。

（四）扩大试点应重点考虑不同类型的地区

扩大长期护理保险制度试点应立足当地经济社会发展水平，稳步推进，制度覆盖范围要量力而行，待遇保障水平立足保基本，保持制度的可持续性。统筹考虑经济发展水平、老龄化程度、养老体系建设等因素，稳妥推进试点。

（五）建立失能评估和护理服务指导性标准

针对缺乏全国统一的失能标准评估体系和基本服务项目指导目录等问题，应组织专家学者研讨并委托相关机构制定长期护理保险失能评定指导性国家标准，建立长期护理保险护理服务基本项目、操作规范及收费标准等指导性目录，规范护理服务和待遇保障内容。

老龄化社会与长期护理保险制度建设

白晓红　国家会计学院副院长

对于“老龄化社会与长期护理保险制度建设”，包括国际国内最新的发展，我想进行如下探讨：

一、长期照护制度的迫切性

长期照护保险非常受关注。2021 年我国出生人口预计在 1000 万以内，首次出现负增长，预计减少 10 万到 15 万人，而且这个数字一直会出现下降趋势。按照现有的人口的出生率、死亡率和增长率的情况，有人预计到 2030 年我们可能会年均死亡 800 万人，而到 2040 年净减少 1500 万人，占人口比重的 1%，这对应的是我们婴儿潮时代 1963 年到 1971 年年均 2600 万人的出生率。到 2100 年，中国人口预计降至 7 亿人以下，而 70% 为 65 岁及以上的老人。这个影响可能会是什么，中国应该有哪些改变？这可能是我们要提出的话题。

二、长期照护险的进展

长期照护险源自 20 世纪 60 年代，当时欧洲发达国家开始迈入老龄化时代。60 年代末荷兰首先出台了特殊医疗费用支出法，开启了老龄化的制度时代。80 年代人类的老龄化开始进入了普遍的时代，到今天变成了一个共同的话题。

长期照护保险制度在中国刚刚起步，长期照护讲的是人的失能阶段。我们看到长期照护保险、医疗保险、人寿保险和养老保险，从我们现在的制度设计上有所不同，现在还没有很好地协同起来。中国的长期照护险，从试点城市的情况看，整体比较好。但是，对于长期照护险的公司来讲，我们现在能够看到的是 2005 年第一款，到现在规模仍然非常小，产品形式非常单一，给付的产品缺少制度支撑。现在存在的问题就是法规不健全、护理人员非常匮乏、理财险种保障能力不足、精算技术难度非常高、长期运行的产品配套有待完善。关于失能保险等级评估也是很缺乏的，服务划分标准不统一，地区之间的收费标准差异很大。这些都是我们当前面临的问题。

三、长期照护险的国际比较

长期照护应该分为家庭、社区和机构三种方式，每种方式都是不一样的。大概 80%的中国、日本、韩国等东亚国家采取家庭的方式；社区是不以营利为目的，费用比较低；欧美发达国家多采取机构的长期照护的模式。长期照护险有社会长期照护和商业长期照护两种。从社会长期照护的特点来看，主要有强制性、普惠性、福利性、统一性、保基本、标准化的特征。

四、长期照护险的筹资体系

从世界范围来看，长期照护保险的筹资体系有财政的出资、商业保险、企业年金、慈善捐助、个人资本、PPP、产业基金等。从长期照护险的筹资体系来看，国际上的经验是依靠国家财政税收筹资，政府组织按法律要求缴费以及个人和企业购买的组合。

一般来讲，长期照护险的保障方式有现金和保障服务的补偿几种方式。从国际经验来看，荷兰是最早施行福利模式的长期照护保险制度的国家；从资金来源上看，它主要来自个人所得税个人分段的部分以及财政补贴，它的运行对象是全体公民，在运行机制上是按照长期照护险交由健康保险公司管理，健康保险公司授权各级保险公司组织的一套体系。德国施行的也是强制性保险模式的制度，它的资金来源是个人、雇主各缴一半，还有个人和养老保险共同支付，德国还有特殊的缴费形式——时间储蓄，是长期照护险和补充型的长期照护险相结合的架构，通过一个法定形式来实施。美国施行的更多的是自愿买保险的长期照护险制度，主要来源资金是投保人的缴费，它的运行机制更多的是依靠商业化的公司来进行管理，处于市场主导的地位。日本是福利加保险的长期照护的保险制度安排。在保障对象上，长期护理保险法采取的是强制性制度，超过40岁的人都采取强制型照护的保险。中国的台湾地区是全民保障下的长期护理险制度，它和日本有相近之处，在制度安排上做得非常精细。尤其台湾地区以社区为服务对象，特点就是团队式的人力在社区长期提供服务，属于走动式的护理服务模式。上海刚刚采取了免费办理房地产交易的制度，也就是未来160万人的中介地产会转型，这160万人是不是能够有效地转型到一个新的更有价值的产业当中去呢？还有整合式居家医疗护理模式，这是长期照护险与全民健保的分工。国内现在有一些保险制度体系还是比较分散的，应不应该做一些相关的整合呢？这是我对这个问题的想法。

五、我国如何建立长期照护制度的服务体系

服务体系不外乎照护主体、被照护主体、机构、照料者和服务能力、法规体系等方面的内容。长期照护保险和医疗保险制度有一个非常密切的关系，特别是未来我们还要建立长期照护需求的一些评估体系。长期照护的产业价值链和生态圈。我个人认为，长期照护保险产业是非常庞大的，从它的生态圈我们可以看到，保险公司、医院、政府、护理院、互联网技术公司都会参与其中，构成一个庞大的生态圈。

从加快我国长期保护保险制度建设来看，有这样四点建议：第一，从顶层设计上加强相关的立法，采取强制保险制度。第二，建立照护服务体系的国家标准。第三，在产业的基础投入方面要加大供需市场的培育。第四，发展老年人预防和健康干预的事业。

另外，从监管和运营角度提三点建议：一是我们的行业监管要随着产业周期和产业生命周期进行；二是建立关于保险公司的相关治理和规制体系；三是建立医疗、护理、保险信息一体化的运营管理平台，这也是我们在“三化”的数字化之下必须做的。

最后我还是要把这句话提出来：没有人类，一切将失色。人口总量的下降、结构化的问题可能带来的影响，这是一个宏观的话题。房价会不会见顶、庞大的基础设施体系如何使用、市场规模会怎样，我觉得中国需要改变。以人为本，全生命周期的体系是一个重大的问题，这和海南自由贸易港的政策关系密切，海南可以在这方面先行先试，做一些探索和贡献。

老年健康管理的数字诊疗新模式

曹　丰　中国老年医学会副会长

中国是世界上老龄化速度最快的国家，2021年第七次人口普查数据显示，我国60岁及以上的人口达2.64亿，占总人口数的18.7%，预计到2050年，老年人口将占总人口数的1/4。党的十九大报告提出国民健康要覆盖全年龄人群，其中，要重点关注孕产妇、婴幼儿、青少年、中年和老年人群，并提出全生命周期的家庭健康服务理念。党的十九届五中全会更进一步地把积极应对人口老龄化上升到国家战略层面。

近年来，随着老年健康服务体系的发展和老年健康管理数字诊疗新模式在临床工作中的扩大应用，特别是处于现今疫情防控的大形势下，解放军总医院国家老年疾病临床医学研究中心围绕老年疾病和老年健康展开了系列工作。一项中国老年疾病临床多中心研究收集了解放军总医院5个临床中心老年住院患者69万人次的数据量，统计结果提示，老年人群排在前五名的主要疾病是恶性肿瘤、高血压、心脏病、糖尿病和脑血管疾病，并且上述几类疾病仍呈现持续增长趋势。同时，我们发现，老年群体多病共患现象突出，近几年恶性肿瘤和高血压共病的增长概率高达42.99%。

当前，我国慢病诊疗现状不容乐观，慢病人群突出表现为以下特点：首先，我国慢病的患病率、致死率和致残率仍较高；但慢病患者对疾病的知晓率低，且服药率和控制率仍不理想；慢病人群普遍存在不愿意服药、不难受不服药、不按病情科学服药等问题，这使得慢病的防治越发困难。同时，我国老年人群多病共患现象突出，老年人群中常见的危及生命的疾病主要包括脑卒中、心肌梗死、心力衰竭和肾脏衰竭等，同时，伴随着社会和家庭角色的转变，部分老年人还会出现老年焦虑和抑郁等心理问题，因此常需要医院多学科、家庭和照护人员共同关注老年人身心健康，并完成疾病的治疗和防控。

老年健康管理不仅需要药物干预手段，还需要对老年人进行心理支持和生活方式干预。老年健康管理的目标是：第一，实现老年人群的疾病自我管理；第二，提高疾病治愈率和控制率，降低再住院率，降低严重的心脑血管事件和死亡风险，减少社会医疗支出。基于我国医疗工作中分级诊疗制度的完善，推进以社区和家庭为主的保健模式已成为大势所趋，这就要求各级医疗机构加强对老年慢病患者的宣教工作，同时强调家庭和朋友支持的作用。

传统医疗模式下的疾病诊治，是以医院和医生为中心的，患者需要经历挂号、就诊、检查、复诊、取药的漫长过程，且离院后难以实现与医生的沟通，这就使多数患者不得不在多家医院或多个医生处就诊，造成了治疗不连续的问题。近年来，随着数字诊疗平台和智慧医疗技术的发展，已有大量研究机构、高校和企业投入研发数字诊疗终端设备和监测采集系统，基于终端进行数据采集，并传输至云平台，由后台医疗机构有资质的医师进行审核和诊断。为了实现 iHealth、手机、腕带等实时监测设备在数字诊疗领域的扩大应用，还需要在政府的有效监管之下，建立更加完善的数据传输系统，并注意对患者个人信息进行加密处理；完成数据的自动获取、用药提醒、随访安排后，患者须在医生指导下进行有效的个体化治疗、护理和健康干预。基于数字诊疗平台的智慧医疗，将由以医生和医院为中心的传统医疗模式，转化为以患者为中心的院内外闭环式管理模式，强调除院内医疗护理干预外，院外家庭和照护人员健康服务的重要性。

我们前期基于远程诊疗的 App 平台，通过问卷采集和远程问诊了解病情，并给予慢病患者个体化的干预策略，同时实施用药提醒和生活方式干预，帮助患者有效地改善疾病状况与预后。其中，我们在北京、海南、南昌、成都、山西等地区多家医院开展了一项多中心临床试验，通过对血压的远程监测和干预，有效地提升了高血压患者的用药依从性、血压控制率和知晓率。

尽管近年来数字诊疗领域正在经历着快速发展和演变，但仍存在许多关键问题有待解决。随着我国老龄化速度加快，老年慢病患者基数大、多病共患现象突出，且共病情况往往较复杂，因而，临床实践中对诊疗技术的需求日益提高。截至目前，我国仍处于诊疗设备研发的初期阶段，目前已获Ⅲ类器械证的心电监测设备较少，新设备的转化应用和规范性仍不足。这些问题均限制了数字诊疗的快速发展。未来，我们希望能够搭建以城市为枢纽的，将家庭、医院、护理、基层、社区相连接的，可实现智能分析的，各级联管的三级联动城市健康云平台。这一云平台的构建也将为政府提供可视化资源，从而辅助决策、高效协同，为老年人群、为全社会提供全生命周期的数字健康连续性服务，将传统的被动式慢病管理医疗模型转变为主动的医疗模式，实现对慢病患者的个体化监测和干预。

随着医疗技术信息化、数字化的发展，数字诊疗或将为临床诊疗和居民健康带来更多可能性，我们希望随着监测设备的研发和平台建设的进展，实现对居家老年人的全方位、多角度健康维护。

第六篇

选择性退休——制度安排与结构性政策

实行“选择性退休”的必要性和可行性

金维刚　中国社会保障学会副会长、浙江大学国家制度研究院教授

延迟退休年龄的政策是许多国家都采取的一项政策。中国关于退休年龄政策的调整，已经讨论酝酿了一二十年，甚至更早的时候就有人探讨过这个问题。今天我谈两个方面，一是关于实行“选择性退休”政策的必要性，二是关于实行“选择性退休”政策的可行性。

一、关于实行“选择性退休”政策的必要性

第一，适当地延长法定退休年龄是大势所趋。一方面，中国现行的退休年龄政策还是在 20 世纪 50 年代初期制定出台劳动保险条例时确定的退休年龄，到现在已经有 70 多年的历史了，但是一直没有调整。另一方面，中国人均期望寿命与过去相比已经大幅提高，城镇人口人均期望寿命已经提高到 78 岁以上。随着人均期望寿命的提高，延长退休年龄是一个必然的趋势。同时，中国劳动力市场供求状况已经发生了很大的变化，多年前中国城镇劳动年龄人口的总量就出现拐点、开始趋于下降。老年人口的抚养比在不断变化，在职职工人数与退休人员人数比例，目前看已经严重失衡。养老保险面临的压力也越来越大。企业养老保险在职职工和退休人员之比已经由早期的 10 多人养 1 个人，下降到 2021 年

是 2.6 人养 1 个人，机关事业单位的抚养比情况要比企业更严重一些，不到 2 个人养 1 个。

第二，实行“选择性退休”的必要性。一是中国目前的城镇在职职工，包括企业和机关事业单位的在职职工有 3 亿多人，职工的就业状态、收入状况、身体健康状况、就业意愿、职业生涯规划、家庭生活状况等存在很大的差异性。在人口众多、在职职工数量如此庞大的情况下，如果实行统一的一刀切退休年龄政策，很难满足多元化社会的需要。所以，实行选择性的退休方式符合人民多元化需求的客观需要。二是从现在的一些调查情况来看，目前多数在职人员对于延长退休年龄的政策感到担忧，如果说实行统一的一刀切延长退休年龄的政策，它会和许多人的切身利益需求、个人就业意愿产生矛盾冲突，从而对政府推行延迟退休年龄政策产生抵触。三是实行“选择性退休”政策，能够尽可能地尊重职工个人的就业意愿和退休意愿，依法维护职工的合法权益，有利于政府出台这样一个关系到整个国家长远发展的重大社会政策。

二、关于实行“选择性退休”政策的可行性

首先，从目前的实际情况来看，或者是我们根据许多国家的研究来看，劳动关系与社会保险的关系是可以适当分离的。退休行为是职工与用人单位之间的劳动关系，或者是人事聘任关系的调整，从工作的状态转变为终止工作的状态，这是个人与用人单位之间通过劳动合同或者是人事聘任合同约定终止合同，属于契约关系。个人与社会保险机构的关系是参保缴费与依法享受相应的养老保险待遇的关系。这两个关系其实是可以相对分离的，就像中国城镇职工的基本养老保险可以允许个体劳动者和灵活就业人员参加，后面这两类人员没有传统意义上的劳动关系。

所以，从中国城镇职工养老保险来讲，可以将劳动关系与社会保险关系相对分离。

其次，许多国家在退休年龄政策调整方面允许个人自主选择退休年龄。这些国家的政府是通过确定缴费年限领取全额养老金年限的方式确定退休政策基准，如果没有达到领取全额养老金缴费年限或者是领取全额养老金的年龄的话，提前退休领取的养老金会按照一定的比例打折，如果个人愿意在达到法定退休年龄或者是满足领取全额养老金的缴费年限后继续工作，那么可以提高未来退休时候的养老金待遇。因为他的缴费年限也会相应地延长。在确定个人可全额领取养老金的缴费年限或者是退休年龄的基础上，通过经济杠杆调整个人行为，同时允许个人有选择权，这是很多国家通常的做法。从现在各国的情况来看，取消强制性的退休制度是大势所趋。基于养老保险制度的公平性原则，应当尊重个人的情况和意愿，很多国家在实行选择性退休制度的情况下，制定领取养老金年龄的区间，并且领取工资收入和领取养老金之间严格的替代关系在一些国家也在逐步地消除。一些国家在提高法定退休年龄的同时，允许老年劳动者一边工作一边领取养老金。一些国家还出台了退休后重新进入劳动力市场再就业的相关政策。一些国家在确定了选择性退休政策的同时，也对退休年龄的区间内予以界定，包括美国确定的最早领取养老金的年龄是 62 岁，最晚的是 70 岁，现在的领取全额养老金的年龄还在逐步的调整，从早期的 65 岁逐步调整为 66 岁、67 岁。在意大利，选择性退休年龄的区间是 62 岁到 70 岁，加拿大是 60 岁到 70 岁，芬兰是 63 到 68 岁。有些国家规定的是退休年龄的下限，比如德国规定 63 岁，瑞典是 61 岁，西班牙是 61 岁；有些国家规定上限，比如丹麦规定可以到 75 岁。针对公众对于养老金的预期，许多国家制定法定退休年龄的时候也制定一些约束的机制，通过增加和减少养老金的收益，包括必要的税收政策引导公众适当延长退休年龄，减少提前退休。

中国退休年龄调整的政策方案还没有公布，由于涉及个人的利益，很多人对于退休年龄政策持一种质疑或者是观望的态度。在出台有关这方面政策时，要借鉴国际经验，引入选择性退休的机制和制定相应的调整利益导向的措施，逐步推进退休年龄的调整政策。在这方面，一是需要强调坚持以人为本的基本原则。政府在出台这方面政策的时候需要考虑公众对于退休的态度、生活的需要、就业和退休的意愿，要满足人民多元化的需求，使得这项政策能够软着陆，平稳地实施。所以，应当坚持的原则是以人为本。二是需要坚持政策的灵活性。允许劳动者在退休年龄、退休方式方面有灵活性和选择性，同时建立养老金退休与时间的利益调整关系，通过经济机制引导退休行为。三是在政府调整退休年龄时还要统筹考虑劳动力市场供求关系的变化，不应简单的只是调整税收政策，还应考虑劳动力市场宏观调控方面的需要。应当借鉴国际上成熟的经验，制定相应的弹性退休年龄区间，充分尊重个人意愿。要做好有关政策的宣传和引导社会舆论，使得这项政策平稳地出台和实施。

人口老龄化与延长退休年龄

田雪原　中国社科院学部委员

一、概念与数字

老龄化最重要的是一个总体性的概念，不是个体。高龄化一般是指老年人口中75岁以上或者是80岁以上占比不断升高的过程。日本例外，日本人不喜欢“老”字，所以日本把老龄化叫作高龄化。老龄化指的是个人生理、心理呈现衰老的状态和表现。老龄化社会现在普遍用得太多了，应当做一点界定，老龄化社会一般指的是65岁及以上人口占比达到14%以上，同时，经济社会发展水平也比较高，养老保障和社会保障比较健全的社会。14%也不是一个固定的标准，而是目前国际社会有一般共识的标准。

国内外给出的人口预测数据繁多，许多出入较大。一些论著、报告不做可靠性论证，甚至也不注明出处，拿来就用，以致形成误导和误区。概念和数据是包括实证研究在内的科学研究的基础。目前这方面的问题较多，值得重视。要注意概念内涵和外延的科学定义，数据资料的来源和可靠性，促进目前研究工作的深入。

二、老龄化与延长退休年龄

伴随人口老龄化的加速，供给侧与需求侧分别存在两大问题。从供给侧看，劳动年龄人口减少从而使劳动力呈持续下降和减少趋势；从需求侧看，养老金支出持续增大，涉及运营安全、可持续性等问题。破解这两大难题，需要从供给、需求两侧发力改革。延长退休年龄就是重点之一，它不仅属于劳动供给侧的改革，也牵动需求侧的改革，牵动养老保障体系建设和社会经济发展全局。

为什么要大力推进延迟退休方面的改革？其一，可以弥补或者部分弥补劳动年龄人口占比下降、劳动人口绝对数量减少的压力。中国在2010年15~64岁劳动年龄人口占比达到峰值，2013年绝对数量达到峰值，而后出现下降和减少趋势，结构性劳动力不足开始显现。应对之策，除了生育政策调整之外，延迟退休政策的作用也很重要，可以填补劳动力结构性短缺的部分缺口，而且是低成本、高效益的填补。因而要大力推动延退改革。其二，延退可以缓解、破解养老金潜在的部分风险。延退意味着延迟支付部分养老金，可以分担、削减养老金上升过快的压力。其三，延退是使劳动者可以实现“老有所为”的最直接举措。延退者可以继续发挥聪明才智，为社会经济发展作出新的贡献。其四，延退有利于延退者的身心健康。其五，延退有利于社会公平体系的构建。联合国为1999年国际老年人发布的口号是：建立“不分年龄人人共享”的社会。延退体现了对有劳动能力老年人劳动权利的尊重，体现了在劳动面前人人平等的理念。

中国老龄化的特点归结起来有几个方面，一是速度较快、水平较高；二是空间和时间分布不平衡。从中国实际出发，做好延退改革，除了国内外有利的大环境外，小环境也恰逢其时。

首先，按照国际长寿国家退休和预期寿命之间关系的经验、理论模型，2019 年我国人均预期寿命达到 79 岁，其中男性 77 岁、女性 81 岁左右。如此，一般男性 60 周岁、女性 55 周岁退休，起退年龄过低的弊端显现，延退具有较大空间。其次，我主持的全国老年人口抽样调查表明，20 世纪 90 年代我国 60 岁及以上人口中，农村 40%以上继续从事力所能及的劳动，其收入为他们的最主要生活来源。城市通过返聘等方式，也有 15%左右继续从事以第三产业为主的劳动。将这种事实上仍在从事劳动的老年人口转变为名正言顺的延退劳动者，是顺势而为、顺理成章的事情。

三、延退与市场取向改革

2020—2040 年是延迟退休年龄改革的关键期。为什么这么说？一是因为这是最需启动推进延退改革的 20 年，是老年人口占比增速最快的 20 年，是养老金支出增长幅度最大的 20 年，是劳动年龄人口占比下降、数量减少最快、最多的 20 年。这 20 年是最需减轻劳动力结构性短缺压力的 20 年，是最需削减养老金潜在风险压力的 20 年，也是最需抓住延退改革边际效益最高的 20 年。二是因为这是有条件启动延退改革的最佳时期：预期寿命不断延长为延退提供了足够的空间；全面小康走向现代化发展阶段为延退提供了经济保障；养老社会保障改革不断推进已拉开延退改革的序幕。

延退改革的思路与框架。我主张可以适当地加快一点延退步伐。第一，确定延退起始年龄，改革以现在的退休年龄为起点，即一般男性 60 周岁，女性 55 周岁，是符合实际的。第二，分阶段推进，2020—2040

年，改革分两步走。第一步，2020—2030 年，一般男性退休年龄每年提高 0. 5 岁，2030 年提高到 65 岁；女性每年提高 0. 75 岁，2030 年提高到 62. 5 岁。第二步，2030—2040 年，男性每年提高 0. 25 岁，2040 年提高到 67. 5 岁；女性每年提高 0. 5 岁，2040 年提高到 67. 5 岁，实现男女并轨统一。第三，增强市场弹性。包括退休在内的老年社会保障，一般均带有一定的社会强制性质，这是必需的和必要的，然而老年个体情况各异，不可“一刀切”。为此，建议走“统一规范+市场弹性”相结合的改革路子，一是只设延退起始年龄，不设上限年龄；二是到了起始年龄，延不延退、延退多长时间，由劳动者与用人单位协商决定。男性 60 周岁、女性 55 周岁为一般退休起始年龄，特殊行业、工种可另行确定。三是不设延退上限年龄，由劳动者和用人单位依据主客观情况，签订包括用工时间的延退合同。

选择性退休的结构性政策调整

迟福林　中国（海南）改革发展研究院院长

为什么要推动选择性退休的结构性政策调整？一方面，中国人口老龄化速度发展最快、人口最多，“未富先老”的特点比较突出。这使得中国面临进入老龄化社会的严峻挑战；另一方面，中国改革开放40多年来，经济社会快速发展，但在如何应对老龄化社会方面的准备不足。例如，相关政策的安排、相关服务体系的建设等都存在与老龄化社会不相适应的某些突出矛盾。为此，中国在实行选择性退休的同时，应从基本国情出发，进行与选择性退休相适应的结构性政策的调整。

一、就业政策的调整

从中国的实际情况看，首先，劳动人口正呈现逐年减少的趋势；其次，经济转型升级、高质量发展也给扩大就业包括老年人就业创造空间；最后，青年劳动力有所减少，供给不足。总的来说，老年延迟性退休不会影响青年就业。为此，退休政策需要统筹安排处理好促进老年人延迟退休与鼓励青年人创业就业的关系。在积极扩大青年人就业的同时，也要给予有条件的老年人一定的就业机会。

1. 加快建立老年人就业的服务保障体系。要营造以能力为导向而不是以年龄为导向的公平就业环境。尽快设立老年人就业服务机构，为老年劳动者提供求职信息搜寻、职业技能培训、职业评估等一站式服务。把老年大学、老年人再就业培训等纳入公共教育和就业服务的范围，加强促进老年人就业的职业技能培训服务。

2. 建立老年人就业的制度和法律保障。目前，中国《劳动合同法》和《就业促进法》中缺少保护和促进老年人就业的规定，老年人就业政策和就业环境等法律法规有待完善。为此，中国应加快调整修改相关法律法规，为推进延迟退休年龄、促进老年人就业提供法律保障。

3. 处理好老年人与青年人就业的关系。许多民众担心延迟退休年龄可能会挤占青年人的就业岗位，对青年就业产生负面影响。从静态看，这种现象可能存在。由于劳动力供给增加，在需求不变的情况下自然是“一增一减”。但动态地看，随着行业不断高端化、专业化，老年人与年轻人的就业岗位之间不存在绝对的替代关系，退休年龄与失业率之间也没有严格的依存关系，否则就不会出现“招工难”和“就业难”并存的悖论。许多提前退休人员实际上并未真正退出劳动力队伍，提高退休年龄仅仅是把隐性就业显性化。

二、退休政策的调整

要实现选择性延迟退休目标，需要建立激励型选择性退休的政策体系与体制机制。

1. 建立有效激励个人选择延迟退休的养老金奖惩机制。调整退休年龄需要建立鼓励推迟退休、控制提前退休的养老金制度。为此，劳动者在正常退休年龄前选择提前退休，应根据社保缴费年限适当减扣一定比例的养老金；在正常退休年龄后继续就业，应增加一定比例的养老金。

2. 合理调整第一支柱养老金缴费率。延迟退休引起了加重企业负担的担忧。欧洲国家的研究发现，降低雇主工薪税对低技能劳动力就业有正向影响。社保缴费对就业的挤出效应在中国也得到验证，有采用企业层面数据的研究发现：企业缴费比例上升 1 个百分点，企业雇用人数下降 0.8%。有学者利用省级面板数据的研究也发现了这种挤出效应。这在东部地区尤为显著。为此，需要把降低企业负担考虑进来，以提高企业层面的积极性。中国养老金实际缴费率长期低于法定缴费率，客观上也为改革提供了空间。

3. 逐步提高养老保险最低缴费年限。为吸引参保、扩大社会保险覆盖面，目前中国领取基本养老保险的最低缴费年限只有 15 年。机关事业单位基本养老保险和职业年金起步于 2014 年的机关事业单位养老保险改革，目前缴费年限普遍偏短，平均不足 6 年，很多参保人员都具有较长的视同缴费年限。为使“选择性退休”有效地激励人们选择延迟退休，综合考虑中国劳动者平均受教育年限、进入劳动力市场的时间、预期寿命余年等因素，建议建立根据预期寿命、退休后预期余年等因素动态调整最低缴费年限的制度，可分步调整：第一步，建议到 2035 年，把全额领取公共养老金的最低缴费年限由目前的 15 年提高到 20 年；第二步，建议到 2045 年，逐步把全额领取公共养老金的最低缴费年限提高到 25 年；第三步，建议到 2050 年，把全额领取养老金的最低缴费年限提高到 30 年。

三、人口政策的调整

人口老龄化无非两大方面的原因：一是生育率的降低，这是中国近年面临的一个突出问题；二是老年人人均寿命的延长。从中国来看，通过人口政策的调整和服务体系建设，逐步调整生育率下降的趋势，既非常重要又会产生明显效应。

1. 尽快出台自主生育政策。将城乡居民生育的选择权交给家庭，交给个人。这件事，越来越具迫切性。

2. 加快建立婴幼儿公共服务体系。尽快出台婴幼儿照护的国家政策，减轻民众普遍感到越来越重的生育成本。

从中国的实际出发，借鉴挪威等国家的实践经验，当前需要着力解决好以下三件事。

1. 加快建立养老金支付的研究系统。在统一协调下，相关方面要对未来 10 年、20 年甚至 50 年的养老金支付做长期预测。

2. 加快国有资产划拨充实养老基金的制度化和机制化建设。确保在抚养比进一步提高的情况下，实现养老金的可持续支付。

3. 加快建立完善老年人的社会服务体系。在这方面，需国家层面研究制定未来 5~10 年的规划。

实行选择性退休的几点建议

殷仲义　中国（海南）改革发展研究院院长顾问

一、把选择性退休作为调整退休年龄政策重要选项的原因

1. 仅从劳动力短缺和工作退休比两个角度观察，我国采用能够取得社会共识的模式来调整退休年龄已经十分迫切。一是劳动力市场有效需求人数与有效求职人数之比已经从 2001 年第四季度的 1.0437 攀升到 2020 年第一季度的 1.6160。这从侧面说明，我国劳动力需求大于劳动力供给、劳动力短缺问题日趋显著。二是在退休年龄政策 40 多年维持不变的情况下，工作退休比（领取养老金年限/工作年限）远远超过了平均领取养老金年限/平均工作年限应该大约等于 0.5 的合理水平。

2. 延迟退休面临社会阻力。“弹性退休”容易被理解为“既可提前退休”“也可推迟退休”，而“选择性退休”兼具“弹性”和“自主性”，在设定“退休年龄区间”的前提下，把退休年龄和领取养老金年龄的选择权都交给个人，比较容易达成社会共识。

3. 20 世纪 60 年代以来，许多发达国家先后采取了在一定年龄区间内由劳动者自主选择退休年龄的灵活措施。例如，“选择性”是挪威 2011 年

启动的养老金改革的突出特点。改革前，挪威正常退休年龄为 67 岁，工作满 40 年可以全额领取养老金。改革后，雇员从 62 岁起即可选择退休，但预期养老金现值总量不变，选择退休越早，每月领取的养老金越少。2012 年，挪威近 45% 符合条件的劳动者在 67 岁前选择开始领取养老金，但其中约有 2/3 未满 67 岁的人选择在领取养老金的同时继续工作。

德国从 2012 年开始提高退休年龄，计划到 2029 年把法定退休年龄提高到 67 岁，但允许职工 61 岁在接受养老金减扣的前提下自主决定是否退休，但 65 岁后延迟 1 年退休的劳动者能拿到 106% 的正常退休金。美国 1961 年再次修订《社会保障法案》，把 65 岁确定为正常退休年龄，也是领取全额养老金的年龄。如选择在 62 岁之前退休则不能领取养老金，62 岁退休只能部分领取养老金，65 岁退休才能领取全额养老金。

这些做法本质上就是在一定退休年龄区间内的选择性退休制度安排。退休年龄选择权交给劳动者个人的制度安排，是发达国家能够顺利延迟退休的重要因素，值得我国研究借鉴。

二、实行选择性退休可以实现的重要目标

我国人口老龄化的突出特征之一是“未富先老”，经济社会发展面临“既要增长又要养老”的双重挑战。实行选择性退休，有望成为平衡“增长与养老”的重要制度安排。

1. 有利于保证经济持续稳定增长的劳动力供给。实行选择性退休有利于应对人口规模增速明显放缓、老龄化加速、生育率回落、劳动年龄人口显著减少、人口数量红利快速消失的中长期趋势，保证经济持续稳定增长的劳动力供给。

2. 有利于挖掘人口素质红利，充分利用中低龄老年人口中的高素质

劳动力、助力高质量发展。

3. 有利于增加养老保险缴费、降低企业缴费压力、提高市场竞争力。

4. 有望使财政资金更多投资人力资本开发与科学技术研发，助力创新型国家建设。

三、实行选择性退休需要坚持的原则

1. 取消“一刀切”的法定退休年龄。设置小步慢走、可渐进式动态调整的退休年龄区间，可开始部分领取养老金的最低退休年龄，可开始全额领取养老金的正常退休年龄，以及必须退出劳动力市场的年龄上限。我国如果从 2022 年开始实行选择性退休，可把男性的退休年龄区间确定为 60～70 岁，该区间中的正常退休年龄应为可动态调整的年龄。

2. 突出“自主选择”。在设定“退休年龄区间”的前提下，由个人综合自身情况和养老金需求自主选择退休年龄和养老金领取方案。

3. 把人均期望寿命和退休后预期寿命余年作为设定正常退休年龄的基本参照。OECD 国家 2015 年男性平均退休年龄为 64.7 岁，女性为 63.5 岁。到了 2035 年前后，我国人均期望寿命预计会达到 82 岁左右，届时把 65 岁作为全额领取养老金的年龄，意味着退休后人均预期余年为 17 年，这与 OECD 国家 2015 年的退休后人均预期余年接近，比较符合我国人口快速老龄化的中长期趋势。

4. 实行男女选择性退休年龄区间的时间表。我国目前男性 60 岁、女职工 50 岁、女干部 55 岁退休。这意味着延迟女性退休年龄需要更长的时间。考虑我国女性承担的家庭照护责任普遍较男性更多，需要设置分步实现推行男性和女性选择性退休的不同时间表，为提高女性的正常退休年龄设置更长的过渡期。

5. 坚持不同职业、不同群体的公平原则和例外原则。考虑不同行业、职业类别以及对劳动者体能要求的差别，对特殊工种、特殊行业和特殊群体设置不同的正常退休年龄和“选择性”退休年龄区间。例如，劳动强度较大或对体能要求较高的传统制造业、资源行业、安保服务、警察等职业的正常退休年龄应低于一般行业的正常退休年龄。

6. 在高技能、高人力资本行业率先推行自主选择性延迟退休。很多大学目前都实行了教授柔性退休制度，教授在 62~67 岁自主选择退休。我国目前已有条件鼓励科研、教育、医疗、文化等人力资本密集型或经验密集型行业，率先实行以 65 岁为正常退休年龄、以“62~70 岁”为退休年龄区间的选择性退休政策。

四、实行“选择性退休”需要建立的养老金调节机制

1. 建立有效激励个人选择延迟退休的养老金奖惩机制。以合理的养老金调节机制形成自主选择延迟退休年龄的“有效激励”，建立鼓励推迟退休、控制提前退休的养老金制度，劳动者在退休年龄区间中的正常退休年龄前选择提前退休，减扣一定比例的养老金；在正常退休年龄后延迟退休，增加一定比例的养老金。

2. 逐步提高养老保险最低缴费年限。综合考虑我国劳动力平均受教育年限显著提高、进入劳动力市场的时间明显推后、退休预期寿命余年明显延长等因素，需要建立根据人均预期寿命、退休后预期余年等因素动态调整的最低缴费年限制度。第一步，到 2035 年，把全额领取公共养老金的最低缴费年限由目前的 15 年提高到 20 年；第二步，到 2045 年，提高到 25 年；第三步，到 2050 年，提高到 30 年。

3. 针对特殊行业和职业出台领取养老金的优惠条款。特殊工种职工尤其是常年接触辐射、毒性、超强度噪声等行业的劳动者，正常退休年龄和退休年龄区间可在一般行业的退休年龄区间下限的基础上再提前5年。对丧失劳动能力无法工作到正常退休年龄的劳动者允许提前退休，并可依法全额领取养老金及政府养老救济金。

五、实行“选择性退休”的配套结构性政策

1. 在积极就业政策框架中加强对延迟退休的支持。统筹鼓励老年人延迟退休和促进青年人创业就业，关键是要营造以能力为导向而不是年龄为导向的公平就业环境。尽快设立老年人就业服务机构，为老年劳动者提供求职信息搜寻、职业技能培训、职业评估等一站式服务。把老年大学、老年人再就业培训等纳入公共教育和就业服务的范围，加强促进老年人就业的职业技能培训服务。

2. 出台支持“选择性退休”的税收优惠政策。对正常退休年龄后选择延迟退休继续就业的劳动者获得的工资收入实施税收减免的优惠政策。对企业因雇用延迟退休者而产生的养老金等缴费义务，给予一定时间一定比例的税费减免激励。

3. 健全实施“选择性退休”的法律保障。目前，我国《劳动合同法》和《就业促进法》中缺少保护和促进老年人就业的规定，老年人就业政策和就业环境等法律法规有待完善。为此，我国应加快调整修改相关法律法规，为实行“选择性退休”提供法律保障。

关于延迟退休的四个方面问题

宋晓梧　中国经济体制改革研究会学术委员会主席

中国人口即将进入深度老龄化，这是个不争的事实。各项经济社会政策如何适应老龄化社会的需求，是党和政府以及社会各界都高度关注的问题。在这样的大背景下，延迟职工法定退休年龄并相应调整养老金发放政策，其必要性在学术界讨论了近20年，现在延退的紧迫性也被社会保障界以及社会科学界所认可。

早在20世纪90年代初，我们利用国际劳工组织的软件推测，中国的劳动力供给将在2030年前后达到高峰，延迟退休的问题在2020年至2030年应当提出。现在来看，实际情况比当时预测的要严峻，2011年以后中国劳动力的总供给就开始下降了。我想有四个方面的问题需要解释清楚。

一、讲好老龄化社会

延迟退休是在老龄化社会背景下提出来的，如何认识老龄化社会是讲清延退政策的前提之一。我们既要看到老龄化社会对我国是前所未有的巨大挑战，也要看到老龄化社会是人类文明发展的必然阶段。

有些学着把老龄化社会描绘的凄凄惨惨戚戚，“食之者众、生之者寡”，经济发展、社会稳定似乎都不可持续。的确，老龄化社会已经并将继续迫使我们对现有的经济社会政策做出重大调整，对千百年来年轻人占多数的人类社会而言，改变熟知的行为规范和道德伦理，探求新的文明发展路径，难免要经历一个痛苦的经济社会转型过程。

另一方面，也应看到，老龄化是人类文明发展的必然阶段。随着科学技术的进步，婴儿死亡率大幅下降，人均预期寿命大幅提高，而一国的环境资源承载能力是有限的，整个地球的环境资源承载能力都是有限的。在可以预见的未来，人类移民外星还是科幻，随着经济社会的发展，各国先后都将步入老龄化社会。2006 年，联合国人口司预测人类发展将进入一个“定态人口”社会，人均预期寿命 85 岁，其中 80 岁及以上的人口占比 10%左右。现在北欧、日本已经接近这一“定态人口”社会。此外，近年来科学技术迅速发展，人工智能和机器人替代了繁重危险的体力劳动和大多数重复性脑力劳动，基因工程和纳米机器人有可能进一步延长人的寿命。从人类文明角度看，老龄化社会比起人均寿命只有三四十岁的社会，是进步了还是退步了？从家庭个人角度看，预期能活到 80 岁的人比预期能活到 40 岁的人，是更悲惨了还是更幸福了？所以，要讲好老龄化社会的故事，首先要讲清楚老龄化社会是科学技术进步发展的必然结果，是人类文明进步的表现。

二、讲好退休生活保障

既然老龄化社会必然来临，那么现行法定退休年龄不变，职工养老抚养比就必然下降。2010 年到 2020 年，全国职工养老抚养比从 3. 07 下降到 2. 6 左右，以中国人口普查统计资料推算，职工养老抚养比还将进一步下降。不少学者以此为据，对我国未来的养老负担做出悲观预测，似乎养老金十几年内即将“断炊”。应当肯定，提出养老抚养比下降将使养老保险基金面临十分严峻的形势，可以促使个各方面高度关注这一问题，具有积极作用。但在舆论宣传上，则应更全面一些，否则会被媒体放大负面效应，引起社会不必要的恐慌。

一是延迟法定退休年龄将大大改善养老抚养比。许多研究机构已经对此做了分析，有的还做了精算。2000 年我曾牵头组织中保人寿及有关科研机构对职工基本养老保险隐性债务做过精算，深知对长期基金积累规模做精算是很困难的。仅经济增长幅度这一个数据，就不可能精确，物价、职工工资增长幅度以及提前退休的概率等也只能估算，更何况像金融危机、新冠疫情等突发事件对经济社会的影响，世界上还没有一个精算师能精算出来。近几年不少研究机构对养老基金做了不同的精算，结果相差甚远。媒体往往抓住最悲观的数据广为炒作，社会影响并不好。但至少这类精算用复杂的计算证明了一个简单的道理，即延退政策可以大大改善养老抚养比，并给了人们一个大致的数量概念。

二是退休人员的养老保障水平不是单纯由养老抚养比决定的。前面提到，全国职工养老抚养比 2010 年是 3.07，2020 年下降到 2.6 左右，那么 2020 年退休人员的养老保障水平是否同幅度下降了呢？显然没有。为什么？因为中国的 GDP 总量 2010 年是 40.15 万亿元，2020 年已经突破 100 万亿元，翻了一番多。退休人员的生活保障，不仅与养老抚养比紧密相连，这一点不容否认；同时与整个经济社会的发展水平紧密相连，这一点不容忽视。50 年前我当电工的时候，全国 10 多个在职的养一个退休的，那时退休人员生活水平高吗？所以，不能片面地把职工抚养比讲得那么严重，还要看到经济社会的发展为养老奠定了物质基础。可以说，只要科学技术不断进步，社会财富不断增长，在“定态人口”社会到来之际，退休人员养老金就不会“断炊”，总体上保障水平还会不断提高。达到“定态人口”社会之后，那时的法定退休年龄和抚养比也将长期处于相对稳定状态。

三、讲好延迟退休的作用

2016 年，我国人均居民健康及寿命指标就达到了 68.7 岁，高于欧洲国家平均水平 0.3 岁，高于美国 0.2 岁，高于全球平均水平 5.4 岁。2019 年中国人均预期寿命达到 77.3 岁。北上广深等特大城市居民预期寿命达到 80 岁。新中国成立初期出台《劳动保险条例》的时候，人均预期寿命不到 50 岁，法定退休年龄一般是男职工 60 岁，女职工 55 岁，女工人只有 50 岁。人均预期寿命发生了如此大的变化，退休年龄理应随之调整。问题在于我们应当把延退的道理讲全面。

首先要强调在人均预期寿命特别是人均健康预期寿命延长的背景下，延退是破解劳动力供给短缺、开发老龄化社会人力资源的重要举措。按照 15 岁至 59 岁的劳动年龄人口统计，2011 年我国达到 9.4 亿峰值，到 2018 年，已经跌破 9 亿，这两年每年还在减少二三百万。尽管自动化、机器人可以替代一部分劳动力，但我们从人力资源大国转向人力资源强国势在必行，而开发老年人力资源就是题中应有之义。据 OECD（经济合作与发展组织）2017 年的数据，65 岁以上老年人口的劳动参与率，日本接近 25%、美国约为 20%、加拿大 15%、英国 10%、德国 7%、意大利 4%、法国 3%。我国 65 岁及以上人口的劳动参与率可以忽略不计。由此可见，合理提高法定退休年龄，将有利于提高全社会的劳动参与率，开发老年人力资源潜力。对职工个人而言，老有所养固然欣慰，老有所为更添人生光彩。其次要讲清延退对减轻社会养老基金压力，并增加个人养老收入的作用。这方面的道理大家讲得很多，就不再展开。在宣传延退政策时，至少要讲清两个方面，而不是单纯强调养老金发放和养老金收缴，这对于政府决策来说是很重要的，但更重要的是面对老龄化社会如何开发老年人力资源。

四、讲好延迟退休政策

延迟退休政策不是一刀切、不是一步到位，而是分步推进的，会给予职工一定的弹性选择空间。延迟退休是分类推进与分步推进相结合的。

一是分步推进。即针对不同年龄段职工进行划分，现在接近退休年龄段的职工，退休年龄只是延迟一年甚至半年，以此类推，经过十年或更长的时间，最终全体职工达到65岁法定退休标准。二是分类推进。即针对不同工种职工进行划分，对苦累、脏险工种仍保留相对适当提前退休的选项。一些同志认为，由于机械化、自动化以及机器人、人工智能的逐步普及，苦累、脏险工种的工作岗位大大减少了，不赞成在文件中再保留这一提法。展望科技进步，过去定义的苦累、脏险工种将来可能全部被机器人或人工智能取代，但是目前仍然有很多工作，比如井下矿工等还没有摆脱繁重的体力劳动，就是新经济从业人员中也有大量高强度体力或脑力劳动工作岗位，还是应考虑制定适当的灵活政策，让这类职工可以相对提前退休，并保留他们的全额养老金待遇。当然，随着延退政策的实施，养老金政策也要相应调整，鼓励长缴多得。

延迟退休主要是社保基金的可持续问题

曹远征　中银国际研究有限公司董事长

从全球的角度来看，推迟退休年龄诉求的提出，主要是社保基金的可持续问题，中国也不例外。我也是从这个角度进入中国退休年龄社保制度改革的领域。1992 年，随着中国第六次人口普查公布，我们发现国家资产负债能力存在严重的困难，其中最重要的是养老金不足的问题，也相应地提出了建议推迟退休年龄的建议。

但是，坦率地说，过去中国学术界进行了广泛的讨论，退休年龄的推迟不是实际工作年龄的推迟，而是养老金提取的推迟，主要是缓解养老金的支付压力。日本有养老金退休年龄的区别，即支付年龄和退休年龄是有区别的，中国更多的社会公众关注的是养老金如何发放的问题。2022 年，中国政府决策推迟退休年龄，这一决策出来了以后，更多的是关注推迟以后的供给侧结构性的问题，具体来讲，分为以下四个方面。

第一，退休年龄推迟或者是养老金领取年龄推迟是跟人口基数变化相关的。我们说现在中国 65 岁人口的比重已经超过了 12%，未来 5 年中有可能超过 15%。步入中度人口老龄化的社会。与此同时，中国的预期寿命在不断地提高，目前是 78 岁，预计到 2025 年会超过 80 岁，意味着未来的支付压力更大。从这个意义上来说，现在开始提出延迟退休是十分必要的。尽管我们知道延迟退休对养老金的可持续性帮助并不是很大，但是需要建立一个具有激励性的机制。我们的建议很简单，就是小步快走的方式，每年都要提高，形成一个预期，形成一个机制。这个预期是什么，就是养老金自己考虑，不能完全依赖政府。

第二，人口结构的变化、养老金的支付对中国社会保障制度的冲击。40 年前，中国尽管没有社会保障制度，但是中国退休是需要支付养老金的，是由财政支付的。改革开放以后，我们开始建立社会保障制度，养老、失业、社保、医保四位一体的制度是现支现付制，弊端非常大，尤其是没有效率。当时在改革的时候要把它改成预筹积累制，新加坡的经验是我们当年借鉴的主要经验，这就看到了个人账户。个人为个人账户进行积累，退休以后先从个人账户提取，最后是由公账户补给。我们跟新加坡的区别是不完全依靠个人账户，个人的账户旁边还有公积金账户，也就是社会一般性的资助的安排大于新加坡，但是逻辑是一个逻辑。问题是，这个制度建立了以后逐渐退化，起初由于中国结构性的原因，比如中国原有的国有企业的职工比较多，就是过去没有交过养老金，国有企业的改革带来职工下岗，于是开始在东北出现了问题。之后随着人口老龄化出现，预筹积累难以维持，渐渐地变成尽管有个人账户，但是，是现支现付的。因为我们知道，这有一个好处就是有激励性，激励外来的养老需求提供资金。如果说我们讨论延迟退休的选择性、激励性的问题，预筹积累性与选择性、激励性相融，这变成了基本养老制度的挑战。是现支现付还是预筹积累？

第三，中国正试图建立精算制度的社会保障。其中，从资金的可持续性来讲，多种渠道的补充养老金是必要的，其中国有资产可以作为社会保障资金的重要补充来源。中国自 2003 年开始将上市公司中 10%的股份划归社保，2020 年这个比重大幅提高，一共有 12.6 万亿元的国有资金划入社保，今后还会划入更多。我们预计到 2030 年，中国国有工业系的 80%的股权会划入社保，国有企业的性质也变了，不再是国有企业，变成社保企业了。企业的营利性、资产保值增值变成老百姓的钱袋子问题。但是，为什么当年改革的初衷是建立预筹积累制？是因为只有积累制由于体系的安排，才能保持社会保障职能兜底的水平，其他的是要第二支柱、第三支柱。目前中国第三支柱比较弱，商业性的保障刚刚起步，需要政府政策重大的支持，对税收、个人所得税鼓励多交，才能解决积累的问题，而不仅是靠退休年龄推迟减少提取的问题。我们说，在社会保障制度改革方面恐怕是要考虑如何建立更完善的一二三支柱共存的体系，尤其是现在要发展商业性、补充性的养老保险。

第四，未来的给付水平。从基本生活需要来说，目前中国的养老金给付是足够的。但是有个问题很重要，随着长寿化时代到来，医疗是非常重要的，医疗费用是非常贵的。医保应该纳入社会保障中考虑，而不仅是养老金的问题，除了政府要对公共卫生设施进行投入，在预防疾病方面做出更多努力。同时在医保的建设中，老年病要纳入医保。与此同时，在商业保险中应该积极鼓励向护理险、照料险倾斜，以此降低养老金的实际支付，或者是提高保障的冲动、降低养老金支出的增加速度，这才是养老金未来可持续、可安全地营运。

上述四点构成了中国探讨未来延迟退休条件下新的制度改革的重点，在这方面挪威有很多的经验，我们需要更多的交流。但是我想说明一点，中国人口太多，现在 65 岁的人口已经将近 1.8 亿人，如果到 2030 年，中国 60 岁人口会达到跟美国总人口差不多。如此大的规模，中国快速的老龄化也是一个世界性的现象。因此，我们认为中国社会保障可持续性问题是一个世界性的问题，也是一个全球性的问题。